U0117175

字间留痕

上海教育出版社 编

上海教育出版社
SHANGHAI EDUCATIONAL
PUBLISHING HOUSE

前言

上海教育出版社是一家立足上海、服务全国、放眼世界的大型教育专业出版社。自1958年成立以来，我社始终坚持"服务教育、启迪智慧、传播文化、出书育人"的宗旨，为中国的教育和出版事业做出较大贡献。

经过一代又一代出版人的共同努力，我社已经形成了从学前教育、基础教育到高等教育、职业教育、特殊教育、成人教育、老年教育，涵盖全学科、全学段，兼顾学校教育和社会大教育的出版格局；构筑了以基础教育课程为核心，各级各类教材、教学参考、学习辅导、学生课外读物、教学挂图、教育理论和学科教学研究著作、教育类报刊、音像产品、数字化产品相互配合、相互支撑的立体化教育出版体系；打造了教材、教学参考书、教师读物、学生课外读物和教育学、心理学、中国语言文字学等重点出版领域；出版物多次获得中国出版政府奖、中华优秀出版物奖、"五个一工程"奖等国家级图书奖项。

我社近年来获得首届全国教材建设先进集体、全国新闻出版广播影视系统先进集体、国家数字复合出版系统工程应用试点单位等多项荣誉称号，多个学科教材获得全国教材建设奖全国优秀教材（基础教育类）二等奖等。此外，在数字出版转型、教材印制发行等方面均获多项荣誉。

我社拥有一支经验丰富、结构合理、团结协作、战斗力强的研究型、复合型编辑团队。他们敬业严谨，以"做中国最好的教育出版"为目标，善于学习，勤于总结，敢于开拓，勇于创新。此次出版的编辑文集从一个侧面体现了我社编辑良好的职业素养和出色的业务能力，展现了教育出版人的责任意识和敬业精神。

本书包括四个板块：编辑之基、编辑之法、编辑之悟和教材之窗。"编辑之基"聚焦编辑出版的制度建设、流程管理和改革探索。"编辑之法"聚焦选题策划和审稿编校工作的策略与方法。"编辑之悟"聚焦编辑对图书编辑和出版工作的所想、所思和所感。"教材之窗"聚焦教材质量建设和教材编辑实务。

书名《字间留痕》意为编辑审读书稿时在文本上圈圈画画，留下修改印记，体现了编辑工作的辛劳。而经过日复一日、年复一年的磨炼，编辑收获了经验，体验了快乐，提升了能力。

由于时间和水平所限，书中定有很多不足，敬请广大读者批评指正。

上海教育出版社

2023 年 8 月

目录

编辑之基

编辑之法

编辑之悟

教材之窗

较

涵盖

字间留痕

编辑之基

不以规矩,不能成方圆。要做好一件事,必须遵循一定的规则规范。编辑出版工作涉及选题策划、审稿加工、排版印刷、营销发行等诸多环节,完善的制度、规范的流程、成熟的做法,能有效保障编辑出版工作顺利开展。

问渠那得清如许，为有源头活水来

——构建全新编发联动模式，实现出版高质量发展

庄晓明

[摘要] 编发矛盾是出版社的痼疾，而渠道方面发生的深刻变化给编发关系提出了新挑战。本文从思想观念的转变、组织架构的调整、激励政策的改变和复合人才的培养等角度，提出以项目制构建全新的编发联动模式，进而实现出版高质量发展。

[关键词] 编发矛盾　高质量发展　项目制　联动

2021年年末，国家新闻出版署印发《出版业"十四五"时期发展规划》，提出2035年建成出版强国的目标，而新时期出版市场体系的建设则是实现这一目标的重中之重。作为附件同时印发的《出版物发行业"十四五"时期发展专项规划》，更是站在全局高度，对今后五年我国出版物发行业的改革发展做出了全面规划。

出版要实现高质量发展，离不开出版产业链中最重要的两个环节：编辑（内容）与发行（市场）。编辑是出版社的核心，是所有产品的源头，而发行则是实现编辑的策划目的、维持出版社可持续发展的基本保障，两者缺一不可。然而，编辑与发行之间的矛盾却由来已久，而且在出版社中普遍存在。出版要实现高质量发展，就必须解决好编发之间的矛盾。本文从编发矛盾的表象与实质、渠道变化给编发关系带来新挑战两个方面入手，探讨如何构建全新的编发联动模式，为实现出版高质量发展保驾护航。

一、编发矛盾的表象与实质

（一）编发矛盾的表象

从严格意义上来说，计划经济时代的出版社只有编辑，没有发行。出版社

只需要根据上级主管部门制定的计划将图书生产出来，新华书店统购统销。随着图书发行改革逐步深入，新华书店进入到市场化阶段，统购统销被自负盈亏取代。出版社也开始自办发行并在21世纪初进行了转企改制。在激烈的市场竞争环境下，出版社对图书的考核越来越严格。图书的盈亏直接与编辑、发行的收入挂钩，这让两者之间的矛盾逐步凸显出来。

编发矛盾的表象是编辑与发行两个不同的部门对图书滞销的归因不同所引发的矛盾。图书选题经过前期的精心策划、层层审批，中期的审读加工、排版设计，后期的印制装订、营销宣传等一系列的环节和举措，投放市场后却销售不佳，甚至大量退货。对此，编辑部门往往认为问题出在发行端：发行人员对产品理解不充分，对卖点的挖掘不到位；发行渠道不通畅，没有找到合适的经销商；促销力度不够；等等。而发行部门则易将问题归因在编辑端：编辑远离市场，在选题策划之初没有进行充分的市场调研，市场上已经有大量同质化产品，没有做到"人无我有，人有我优"；在涉及图书的开本、纸张、封面设计和定价等营销要素方面与发行沟通不充分，编辑对来自发行的意见不重视；图书制作周期过长，错过投放市场的最佳时机；等等。这种互相"甩锅"的做法，只会加剧出版产业链上两个重要环节之间的矛盾，并不能解决图书滞销的难题。

（二）编发矛盾的实质

图书销售的不佳是出版社编发矛盾的果。编发矛盾直接反映出来的是两个部门在对图书属性认知上的错位。编辑把图书定位成文化产品，看重的是其文化属性。而对发行来说，图书就是商品，好不好卖是检验图书最有效的手段。编发矛盾突出的出版单位存在的共性问题往往是：产品特色不鲜明，市场定位不准确；造货多，但质量不高；库存多，但有效供给不足，供给结构不合理；生产要素配置失衡；机制僵化，条块分割，监管缺位；等等。编发矛盾更深层次的原因是出版人的理念、领导力和团队执行力跟不上出版产业的变革态势，出版社落后的经营管理模式已经无法满足日新月异的市场需求，出版社的薪酬激励体系仍停留在编辑与发行绩效考评"各管各"的阶段，没有对编发融合给予激励与引导。

（三）编发矛盾的对立统一

编发之间并不是真正的对立关系。编辑与发行作为出版产业链上的两个重要环节，两者之间的目标其实是高度一致的，即在保证社会效益的前提下，追求经济效益的最大化。编发之间的矛盾并不是根本性的矛盾，不属于不可调和的矛盾。曾经有人把编辑和发行比作自行车的前后轮，也有人把编辑比作数字"1"，发行则是后面的"0"。编辑和发行只有紧密配合，才能为出版社在当下激烈的市场竞争中谋得一席之地。被业界誉为"黄金搭档"的金丽红与黎波就是编发紧密配合的典范。金丽红整合上游的高端选题资源，负责选题策划、编辑制作，而黎波则整合下游的市场资源，负责印刷设计、宣传推广。凡经由他们出手的书几乎本本畅销，最高销量逾百万册，成为出版界畅销书金牌策划的传奇。

二、渠道变化给编发关系带来新挑战

随着网络时代的来临，人们的消费方式从线下向线上转变，图书销售朝各大线上平台聚拢，互联网经济的"头部效应"明显。而随着移动互联网的普及，以短视频为特色的抖音、小红书等渐成图书销售的一股新势力，流量变成稀缺资源，成为各方争夺的焦点。传统电商为了与新兴势力争夺流量，频繁发起名目繁多的各类大促。对于出版社来说，不参加，就没有业务流水；参加了，往往没有利润，甚至还要倒贴。而以王芳、刘媛媛、董宇辉为代表的各路大V，通过直播带货的方式售书，成交量屡创新高。但大V们并非全盘接受出版社的所有图书，他们有着各自的选品逻辑。就算一两本书经过层层筛选，被大V选中带货，出版社还要支付不菲的坑位费、佣金，提供"一键代发"的服务以及相应的售后服务，很可能最后一盘算，只是赔本赚吆喝。渠道领域的变化给编发关系带来了新挑战。

（一）渠道

出版业通常把渠道划分为"主渠道"（指国有新华书店体系）和"二渠道"（指民营图书销售体系）、线上渠道（传统电商和新媒体电商）和线下渠道（实体书店）。过去三十年渠道变化的趋势是由新华主渠道"一家独大"向新华和民营并驾齐驱转变,由线下实体书店独占鳌头向线上渠道渐成主流转变。在图书销售依靠线下实体书店的年代,出版社对渠道有较强的掌控力;而在线上销售成为主流的当下,出版社对渠道的掌控力渐渐变弱。互联网企业中普遍存在的"赢者通吃"的马太效应,线上图书销售也概莫能外。面对巨无霸式的头部电商,出版社经常被动地参加种类繁多的大促活动。另外,线上销售平台的分发模式,让渠道变得更加复杂,更加不好掌控。

随着移动互联网时代专业 MCN(Multi-Channel Network)机构的崛起,包装、孵化网红成为一门生意,图书销售则成为网红们商业变现的模式之一。但对这种新渠道,出版业有一种无力感:看得见却抓不住,"看得见"指的是达人们动辄会带出 10 万+的图书爆品,"抓不住"则是指图书在达人们的眼中和他们所带的助农产品、美妆、服饰等货并无区别。MCN 机构会帮助达人打造相应的人设,其选品往往根据其粉丝群体的定位来设定,选品条件也相当严苛。因此,达人们无法成为稳定、持续的分销渠道。达人以上的特性意味着他们注定无法成为出版产业链条中的一环,充其量只是销售环节的一种补充。

（二）控价

传统电商在尝过促销引流的甜头后,容易对折扣形成路径依赖,并且通过经年累月的轮番大促,消费者也在不知不觉中养成了"没有折扣就不买书"的习惯。这就让控价成为发行的"噩梦"。编辑好不容易策划出一本"爆品",常常因控不住线上终端零售价而错失很多的市场机会。发行也有苦衷。发行日常工作中要考核发货、退货和回款等具体的业务指标。但控价目前尚未被各家出版社纳入发行考核的指标。控价的难度在于"一控就死,一放就乱"。如果一本书一开始就控价,很可能遭遇"冷场",但不控价,一旦销售势头不错,再想控价就要付出额外的努力,且效果不甚理想。

编辑常常认为图书发的渠道越多、铺得越广越好,这其实是编辑对当下发行工作的一种误解。在图书销售依靠线下实体书店的年代,铺货越多意味着图书和潜在的购书者见面的机会就越多。而在线上销售成为主流的当下,想要在数以百万计的上架图书中脱颖而出,出版社在营销上也要投入大量的资源。分发的商家越多,就越有可能上演现实版的"三个和尚没水喝"。线上多层级的分发让出版社的控价不可能实现,而折扣越乱,能被达人选中的可能性就越低。在选品时,达人们问得最多的一个问题就是"这个产品能不能控住价格"。

三、构建全新的编发联动模式

从上述分析不难看出,出版业要彻底解决编发矛盾,在激烈的市场竞争中立于不败之地,必须从以下几个方面入手,构建全新的编发联动模式。

(一)思想观念要转变

首先,要建立这样的思想观念:编辑是图书第一责任人,原创性和差异化是图书成败的关键。如果拿排球运动来比喻的话,编辑是主攻手,发行只是副攻手。编辑在酝酿选题、寻找作者、设计装帧、开本定价、出书时机等方面都起着主导作用。就拿达人选品来说,一本书能不能被选中,关键还是要看这本书的内在价值。在笔者与社群公众号博主们打交道的过程中,他们首先问的就是这个产品和同类竞品相比的差异化体现在何处。出版必须依靠编辑来实现"人无我有,人有我优"的差异化竞争策略。

其次,要尊重市场。时至今日,依然有很多编辑对来自市场一线的销售数据不分析不研究,策划选题靠"拍脑袋",这样又如何能做出适应市场需求的差异化产品呢?

(二)组织架构要调整

从条块分割的组织架构向编发融合的项目小组转变。在进行转企改制之前,出版社属于事业单位。当时可以这样来描述出版社的定位:事业单位编制,按照企业管理。出版社的组织架构是按照图书出版的流程设置的:编辑部门负责图书的选题策划、合同签订、稿件审读等;发行部门负责图书的发货、退货、对账和收款等业务;通常编辑归总编辑管理,发行归分管经营的副社长管理。图书市场已经进入移动互联网时代,这种条块分割的组织架构方式已经无法及时响应市场的需求。

举例来说,在"语文素养文库"系列产品的推广过程中,这套书的项目策划人、责任编辑与发行团队中负责新媒体渠道的业务经理组成项目小组。发行负责寻找合适的社群公众号，与对方商务进行初步对接。接下来，轮到编辑们上场，策划编辑要向公众号博主介绍图书的策划思路和卖点（通过线上视频会议或上门拜访的方式），责任编辑则需撰写文案初稿供博主参考。作为售后服务的一部分，编辑还要随时解答公众号粉丝们的疑问。发行则要找到合适的供应链，解决"一键代发"的问题。这种项目小组是一种扁平化的组织架构，编发融合，密切协作，以满足客户需求为导向，迅速响应来自市场的需求。其工作时间已经不是"朝九晚五"，经常是夜里十点多钟，线上交流还在如火如荼地进行着；其工作方式更灵活，只要有手机，微信群里随时都可以沟通与交流；其工作内容打破了编辑和发行的传统界限。

（三）薪酬激励要跟上

推行考核项目绩效的激励机制。出版社的薪酬体系一般由基本工资和奖金两部分组成。对编辑来说，奖金来自图书利润的考核。在这种考核政策下，编辑会更倾向于做利润有保障的包销书，而不愿意投入到充满不确定性的市场书中。对发行来说，奖金直接与超额完成回款指标挂钩。这种激励政策让发行只愿意卖市场上畅销的书，而没有动力去挖掘有潜在价值的书。

针对项目制的融合与联动，出版社的薪酬激励应该充分考虑编发之间的协同性，并做出相应的调整。对项目小组的绩效进行考核，完全可以将项目应得利润交由项目负责人实施分配。这样既可以调动各方面的积极性，又鼓励了编发之间的融合协作：编辑介入市场营销，发行参与选题策划。编辑既感受到发行工作的艰辛，又加深了对市场的了解，今后的选题策划会更有的放矢。发行通过提前介入项目策划，在项目实施过程中建言献策，为项目的顺利实施保驾护航。

（四）复合人才要培养

建设文化强国，实现出版业高质量发展的关键是人。《出版业"十四五"时期发展规划》指出，要"加强创新型、应用型、复合型人才培养，重点打造出版理论人才、优秀骨干编辑、优秀校对人才、数字出版人才、印刷发行业务能手、版权运营专家、出版国际贸易人才等，建设新时代出版人才矩阵"。要构建全新的编发联动模式,离不开复合型人才。而这种复合型人才培养的机制和体制尚不健全。很多出版社会让编辑去发行部门轮岗,但这尚不足以培养出一支高质量的复合型人才队伍。出版要实现高质量发展,必须提高政治站位,坚持"党管人才"的原则,加强复合型人才队伍建设的顶层设计,创新人才评价激励体系。

四、结语

"问渠那得清如许,为有源头活水来",在大数据、人工智能、5G 互联互通等新技术加持下,全社会正在发生深刻的变化,这一切对出版产业提出了更高的要求。出版企业只有构建全新的编发联动模式,将更快(效率)、更高(价值)、更强(效益)、更团结(团队协作)作为出版企业的管理目标,才能满足人民群众日益增长的文化需求,才能实现社会效益与经济效益的统一,才能在激烈的市场竞争中立于不败之地,实现出版高质量发展。

参考文献:

[1] 习近平.高举中国特色社会主义伟大旗帜　为全面建设社会主义现代化国家而团结奋斗——在中国共产党第二十次全国代表大会上的报告[M].北京:人民出版社,2022.

[2] 贾慧娟,李莉.浅谈出版社绩效考核改革——基于编发矛盾的视角[J].现代出版,2014(03):42－43.

[3] 蒋建平.化解编发管理瓶颈　促进产品整合营销[J].出版参考,2018(02):49－50.

[4] 刘妮.浅析图书出版业编发矛盾解决之道[J].长春教育学院学报,2014(03):26＋32.

[5] 王竞芬.关于出版融合与编辑转型的思考[J].出版广角,2021(17):67－69.

[6] 徐建军.科学管理冲突　促进编发共赢[J].科技与出版,2006(01):11－12.

[7] 袁保华.出版社编发矛盾的处理途径[J].出版发行研究,2014(09):

78－80.

[8] 王若军.互联网时代图书销售线上渠道的发展与挑战[J].科技与出版,
2018(10):115－117.

[9] 张涛.谈"互联网＋"时代图书发行战略转型[J].出版发行研究,2015
(12):38－41.

[10] 赵文.未来图书销售之道——基于互联网的长尾销售模式[J].出版科
学,2008(01):62－63.

[11] 黄先蓉,常嘉玲.我国出版产业转型升级趋势与政策建议:出版业"十
三五"时期回顾与思考[J].中国出版,2020(22):19－26.

[12] 陈媛媛.高质量发展时期出版单位复合型人才队伍建设路径探析——
以外研社丽声团队十年培养探索为例[J].科技与出版,2022(12):45－49.

编辑如何参与国家社科基金后期资助项目申报

谢冬华

[摘要] 申报各类出版基金项目，是编辑特别是学术编辑的一项重要工作。国家社科基金后期资助项目以申报人（作者）为主体，出版社可参与申报，具有不同于国家出版基金项目完全由出版社申报的特点。本文结合近年来参与国家社科基金后期资助项目的准备、申报等工作实践，谈一谈编辑如何深度参与其中，协助申报人完成项目申报。

[关键词] 出版基金项目 学术出版 国家社科基金后期资助项目

申报各类出版基金项目，是编辑特别是学术编辑的一项重要的常规性工作。学术出版是图书出版一个非常重要的板块，是人类知识传播、科研机构建设、学者成长的重要环节，国家对此非常重视，设立了各类相关出版基金予以支持，促进学术出版高质量发展。国家层面的社科类出版基金有两项：一项是国家出版基金，另一项是国家社科基金后期资助项目。有关国家出版基金教育心理类项目的策划、申报和实施，笔者已撰文作了总结和探讨。[①] 国家社科基金后期资助项目则以申报人（作者）为主体，出版社可参与申报，具有不同于国家出版基金项目完全由出版社申报的特点。为此，笔者结合近年来参与国家社科基金后期资助项目的准备、申报等工作实践，谈一谈编辑在其中能做些什么（或者说扮演什么样的角色），以期能对潜在作者、业界同行有所启发和帮助。

---

① 谢冬华.立足教育专业优势 打造教育传世精品——以上海教育出版社国家出版基金教育心理类项目为例[J].编辑学刊，2022(06):68-72.

一、项目申报前：做有心人，谋划和发现合适的选题及作者

要申报国家社科基金后期资助项目（以下简称"后期资助项目"），前提是发现符合基金宗旨要求的项目及作者。后期资助项目"旨在鼓励广大哲学社会科学工作者弘扬优良学风，潜心治学，扎实研究，努力推出具有学术传承创新价值的精品力作，培养一批优秀青年学者，充分发挥国家社科基金在繁荣发展哲学社会科学中的示范引导作用"①。因此，出版社编辑在申报后期资助项目前，要做有心人，结合出版社的出书范围和定位，以及后期资助项目的特点和要求，关注学科发展动态，谋划和发现合适的选题及作者，储备项目选题资源。

（一）熟悉基金宗旨要求，寻找符合申报要求的学术著作选题

后期资助项目，从成果角度来讲旨在鼓励哲学社会科学工作者推出"具有学术传承创新价值的精品力作"，"主要资助已基本完成且尚未出版的哲学社会科学研究的优秀学术成果"②。因此，编辑可通过专业期刊、学术会议、相关高校及教育心理类学术研究机构网站等渠道，了解学科领域的研究动态，储备优质的学术著作选题。在具体实践中，编辑可根据后期资助项目申报要求，从三个途径来寻找和储备适合的申报项目。

途径一：发掘和鼓励近年刚获得博士学位并在高校或科研院所从事教学研究的青年学者基于博士论文或博士后出站报告来申报。2022年度国家社会科学基金后期资助暨优秀博士论文出版项目申报公告（以下简称"2022年度后期资助项目申报公告"）指出，具有博士学位，符合"以博士论文、博士后研究报告为基础申报重点项目、一般项目，论文完成日期应为三年以上（答辩日期为2019年6月30日之前），并在原论文基础上进行实质性修改，且增删、修改内容篇幅达到原论文字数30％以上"③者，可以申报。我社2017年、2018年入选的后期资助项目"描述心理学""和平心理学：理论与研究"，就是编辑鼓励作者在其博士论文基础上修改完善后申报的项目。

①②③ 全国哲学社会科学工作办公室.2022年度国家社会科学基金后期资助暨优秀博士论文出版项目申报公告[EB/OL].(2022-04-24)[2022-12-27].http://www.nopss.gov.cn/n1/2022/0424/c431030-32407223.html.

途径二：发掘和鼓励已在高校或科研院所工作一段时间，获评副教授以上职称并有一定科研成就的中青年学者申报。这类中青年学者一般在某个领域钻研并撰写、发表了学术论文，且承担过省级及以下课题，科研成果有一定积淀，可以鼓励他们对已有研究成果进行再创造，形成优质的学术著作。如2022年我社入选后期资助项目的"作战心理学：理论与实践"和"危机与契机——1958年《国防教育法》与冷战中的美国教育改革"，就是作者在已有研究成果基础上再创造而申报的项目。

途径三：动员鼓励高校和科研院所退休科研人员申报。2022年度后期资助项目申报公告"鼓励知名专家学者和有长期学术积累的退休科研人员积极申报"①。在这方面，编辑可以留心自己关注的领域，注意寻找合适的作者。需要提醒的是，该类项目对这类申报人申报成果的完成比例有一定要求，如"退休科研人员申报的成果完成比例不低于70%"。

（二）在选题项目规划上为申报人提供建议

编辑可以发挥自己在出版和编校方面的优势，钻研后期资助项目的申报政策、入选数据和申报的具体方法，主动走进高校和科研机构，深入讲解后期资助项目的相关信息，在选题项目规划方面为申报人提供建议。

建议一：提醒项目申报人特别关注选题项目的创新性。2022年度后期资助项目申报公告中强调，该项目旨在鼓励广大哲学社会科学工作者"努力推出具有学术传承创新价值的精品力作"②。这说明，项目成果的创新性是后期资助项目评审的重点。项目成果的创新性，是指项目成果在研究的视角、范围、思路、结论中的一个或几个方面相比前人有所突破，解决了前人没有解决的重要问题。为此，编辑可以作为申报人的第一位读者，从项目研究的视角、范围、思路、结论等方面的创新性角度提出修改意见或建议。该类项目的结项成果一般为一部20万至40万字的学术著作，选题研究范围偏宽或偏窄都会影响项目成果产出。范围偏宽的题目，如"军人心理健康教育新论"，涉及内容很广泛，需要很

①②　全国哲学社会科学工作办公室.2022年度国家社会科学基金后期资助暨优秀博士论文出版项目申报公告［EB/OL］.（2022 -04 -24）［2022 -12 -27］. http://www. nopss. gov. cn/n1/2022/0424/c431030 -32407223.html.

大的篇幅才能充分展开研究,编辑建议聚焦其中涉及的"作战心理",以"作战心理学:理论与实践"为名进行申报;范围偏窄的题目,如"从消极和平到积极和平——后冷战时代西方和平心理学思想管窥",申报项目时则改用"和平心理学:理论与研究",这样作者就可以撰写出内容更充实的研究成果。

建议二:为申报人特别是基于博士论文申报的青年学者申报项目提供建议。编辑可以从申报人博士论文和申报书稿的题目、目录和内容等方面提出修改建议。对以博士论文为基础申报的项目,要求"增删、修改内容篇幅达到原论文字数30%以上",解决书稿本身在学术上存在的问题。博士论文字数一般为8万至15万,而后期资助项目成果书稿的字数一般为20万至40万,篇幅的拓展实质上是研究的深入。编辑应据此向申报人建议,加强研究深度,适当拓展研究范围,以便充实和完善书稿内容。比如,2017年我社入选的后期资助项目"描述心理学"(成书为《描述心理学:心理生活的描述、理解与解释》),是基于申报人的博士论文《科学心理学早期的另一种声音——描述心理学研究》,申报人对博士论文的7章加以完善,扩充为11章,将"前言"修改充实为"第一章导言",从博士论文到申报书稿,该项目的研究内容更系统深入。

二、项目申报时:辅助作者完善材料,为材料撰写提供建议

从项目申报书来看,似乎只有"出版社推荐意见"是编辑负责的,但其实,整个项目申报过程中的很多环节,如申报信息的关注,申报成果(书稿)与申报成果书的撰写,申报成果的完善、修改等,编辑都是可以发挥一定作用的。如提醒作者关注申报信息,不要错过;提前介入申报成果(书稿)撰写,辅助申报人提升申报成果(书稿)质量;辅助申报人高质量撰写项目申报书,特别是其中的"申报成果介绍";等等。

(一) 审读申报成果,辅助申报人设计申报成果辅文

编辑拿到申报人的申报成果(书稿)后,除了要做好书稿的编校工作,还要考虑如何让评审专家在有限的时间内了解书稿内容和创新点以及项目申报人的学术水平。其中,书稿辅文起着非常重要的作用。到位的书稿辅文能很好地展现项目成果的内容,体现项目申报人的实力和态度,帮助评审专家快速把握

书稿的脉络和亮点。因此,编辑可以发挥自身优势,在书稿辅文撰写方面提出有效建议。

第一,辅助申报人撰写内容简介和前言。内容简介和前言可以让评审专家在阅读项目书稿的框架(目录)之前就了解该项目的研究视角、思路和创新点。内容简介一般200—400字,简要陈述全书的研究思路和创新点,既概括内容又突出项目的亮点。前言一般在1500字以下,主要包括三个部分:(1)项目研究的意义和价值;(2)已有研究的状况和局限,书稿的创新点和突破;(3)书稿解决问题的思路、框架结构。前言的每个部分都应分项介绍,每项都应简练清晰。

第二,辅助申报人设计目录。目录是评审专家把握项目书稿各章节思路和内容的关键。项目书稿的目录标题应尽量体现具体观点,切忌笼统。比如,"……的意义""……的特点"这样的标题,难以体现具体信息,不如把意义和特点概括出来作为标题;如果申报书稿的章较多,很难显现全书思路,编辑可以建议申报人在书稿的章标题之上设"篇"标题;如果书稿中的图和表非常多,编辑可以建议申报人在书稿的章节目录后设立"图、表目录"。

第三,辅助申报人写好结论部分。结论是对项目书稿整体观点的总结,应重点介绍书稿中出现的新观点,而且分条目介绍,采取"总分"方式,先用一句话简要概括观点,再简单论述这一观点。这样可以让评审专家快速地把握项目的整体观点,了解到书稿的亮点、创新点。观点概括宜使用判断句,比如"作战心理研究是提高巩固战斗力的重要途径"这样的表述。

第四,辅助申报人编制参考文献。参考文献的质量也很可能会影响评审专家对整个项目书稿的第一印象,进而影响评审结果。编制时应注意以下几点:(1)全面性,即兼顾历史与当下、国内与国外;(2)实效性,即多用新近的特别是近三年的文献;(3)权威性,即要有权威学者和具里程碑意义的文献;(4)规范性,即按照标准统一的文献格式或学科公认采用的文献格式;(5)便捷性,即中文文献按照作者姓名首字拼音排序,外文文献按照作者姓氏首字母排序。

(二)辅助申报人准确把握"申报成果介绍"内容要求

"申报成果介绍"是后期资助项目申报书的主体论证部分,也是评审专家了解整个申报书稿的窗口。编辑要从出版角度辅助申报人准确把握"申报成果介绍"的要求并撰写好,在规定篇幅内准确、全面、清晰地反映项目成果内容。

后期资助项目申请书"申报成果介绍"部分一般应包括七部分内容:(1)主要内容(详写,重点写);(2)主要观点;(3)研究方法;(4)学术创新;(5)学术价值;(6)存在问题和需要改进之处,未完成章节情况;(7)下一步研究计划。

"主要内容"和"主要观点"这两部分要求不同,要分开撰写。"主要内容"要详细介绍申报成果(书稿)各章节内容,申报人可以按章节顺序将各个章节的内容阐释清晰。"主要观点"是书稿的结论,要略写,申报人要将项目研究结论分条列出,每一条简练地用判断句表达,之后再简短解释。

"研究方法"是项目的研究方式、途径或采用的工具。申报人要从项目的实际情况出发,根据项目研究对象的特点撰写申报书。如2017年我社入选的后期资助项目"描述心理学"是心理学理论和历史题材,其研究主要采用文献与历史分析以及理论与逻辑分析相结合的方法,贯彻心理学史研究的"前瞻后看"(纵向比较)和"左顾右盼"(横向比较)的基本原则。

"学术创新"和"学术价值"两者含义不同,申报人撰写时要特别注意。"学术创新"一般指申报成果(书稿)本身的创新之处,申报人要从申报成果(书稿)的研究视角、研究对象、研究方法、研究思路、研究内容、主要观点这几个方面来分析阐述其创新性。"学术价值"则指申报成果(研究成果)对某领域研究和学科建设的推进和贡献,讲的是对学科和研究领域的意义。如2022年我社入选的后期资助项目"作战心理学:理论与实践"提出三方面学术价值:第一方面谈该研究成果对作战心理学/军事心理学研究领域的推进(本领域),第二方面谈该研究成果在军事学/心理学领域发挥的工具作用(一级学科),第三方面谈该研究成果对新时代思想政治工作、基层军事指挥的意义和影响(相关理论领域)。

"存在问题和需要改进之处,未完成章节情况"可以合在一起写。"存在问题和需要改进之处"指项目研究中还需要完善和推进研究的学术问题,以及存在的难点。"未完成章节情况"是申报人根据上述需要进一步推进研究和完善的学术问题,明确需要调整和修改的章节。如2017年我社入选的后期资助项目"描述心理学"撰写的这部分:"由于资料和时间等原因,本书稿的某些章节写作不够深入,而且最近又发现了一些新的、有价值的文献资料,因而需要对书稿内容和观点作进一步修改和完善。另外,本书的第十章和第十一章部分内容尚未完成,正在撰写过程中。"

"下一步研究计划"的撰写需要承接上一部分"存在问题和需要改进之处,未完成章节情况",即申报人要将时间节点、使用的研究手段、修改哪些章节、这些章节的修改对应解决上述哪些学术问题这四个方面联系在一起撰写。如2017年我社入选的后期资助项目"描述心理学"结合"六、存在问题和需要改进之处,未完成章节情况"撰写的"七、下一步研究计划":"本研究若能顺利立项,接下来的安排是:(1)在一年之内完成目前还未完成的第十章和第十一章,完成全书初稿;(2)再用一年时间,阅读最近发现的有价值的新的文献资料,完善相应章节内容,完成整个书稿的修改和统稿工作;(3)完成终稿,提交结题,交付出版。"

(三) 建议申报人撰写"申报成果介绍"时的注意点

第一,形式上条分缕析,层次清晰,重点突出。申报书要有各级标题,论述时要分项,重点要突出(可将字体加深),以便让评审专家一目了然地看出项目的特点和思路。

第二,表达上深入浅出。项目申报人要善于将项目研究领域的专业知识用浅显的文字传达给对所表达专业知识相对不熟悉的专家学者。在学科领域日益细分、跨学科交叉和融合日益深入的今天,很少有专家能够精通所在学科所有研究领域的知识。

第三,特别注意项目的独特性和新意。撰写"申报成果介绍",要突出项目申报人对已有研究的突破和创新之处。能否做到学术传承创新价值,是决定申报项目能否入选后期资助项目的关键。

三、结语:编辑与项目申报人紧密合作,发挥所长

入选后期资助项目,有助于提升出版社学术出版水平,提升社会效益。这就要求编辑把后期资助项目的选题要求融入到日常选题策划中,发掘优质的专业学术出版选题,储备选题、出版项目库;发现有潜力的和具备长期合作可能的

中青年作者,建立作者资源库。同时,编辑在后期资助项目准备、申报过程中要发挥积极作用,吸引优秀申报人并辅助他们准备好项目申报材料,提升项目入选率。后期资助项目申报人在相关专业和研究领域大多小有成就,而对后期资助项目的申报政策、申报材料撰写、申报材料修改和把握等方面不一定很熟悉。编辑可以充分发挥自身的出版业务优势,研究后期资助项目申报政策、入选数据等,为专心做学术研究的申报人提供项目申报信息和申报建议,深度参与国家社科基金后期资助项目的申报工作。

参考文献:

[1] 谢冬华.立足教育专业优势 打造教育传世精品——以上海教育出版社国家出版基金教育心理类项目为例[J].编辑学刊,2022(06):68-72.

[2] 全国哲学社会科学工作办公室.2022年度国家社会科学基金后期资助暨优秀博士论文出版项目申报公告[EB/OL].(2022-04-24)[2022-12-27].http://www.nopss.gov.cn/n1/2022/0424/c431030-32407223.html.

编辑室主任如何进行复审工作

倪雅菁

[摘要] 本文阐述了编辑室主任进行复审工作的作用和意义,并详细解析了复审工作的实施路径,即预审→正式审→撰写复审意见(或结合面谈),以及如何撰写复审审稿意见和如何进行反馈等具体的操作细节。做好复审工作,室主任在助力编辑成长的同时,自身也能获得发展。

[关键词] 编辑室主任 复审 实施路径

这个题目不好写。原因之一是,每个编辑室主任每年都要复审十几本到几十本不等的书稿,专门写文章来谈这个问题有班门弄斧之嫌;原因之二是,对复审工作的定义、职责范围、操作路径等,有关出版工作的规范性文件里早已有详细论述,如果照搬照抄,似乎也没有意义。

回想自己从业二十多年来,参加过各式各样的编辑培训,但好像没有怎么参加过专门针对如何做好一名编辑室主任或如何做好复审工作的培训。在现实中,我们一直会强调好编辑应该有哪些特质或如何审稿,而似乎很少有人问编辑室主任到底需要有哪些自我修养或者如何进行复审工作。

每年有不少优秀的骨干编辑被提拔到编辑室主任岗位,他们怀有志向又充满热情,可是很快也会有人感到各种不适和疲惫。从编辑到室主任的角色转换,并非自然而然或一蹴而就,而是必然会经历一系列的考验,才能顺利完成转型。从这点来说,关于"编辑室主任如何进行复审工作"这个话题,就有了作文的意义。

《出版专业实务·中级(2020年版)》一书明确指出:"复审,应由具有正、副编审职称的编辑室主任一级的人员担任。"但在实际操作层面,关于如何进行复审,每个室主任的态度和做法不尽相同。

一、复审工作的功能和作用

（一）不可或缺的"二传手"角色

在出版界,出版单位内部实行由初审、复审和终审三个审级组成的"三级审稿责任制度"是众所周知的规定。其中的复审是图书三审中承上启下的重要环节,也是书稿质量的重要保障。由编辑室主任担任的复审,就相当于排球场上的二传手,需要善于捕捉机会和创造条件,来成全责任编辑和作者,同时为终审者的审稿提供判断和决策的参考与依据。

（二）指导和培养编辑的示范作用

一般来讲,编辑室主任承担着科室业务和行政管理两个板块的责任,其中包括对年轻编辑的培养。所以,做好复审工作既是室主任的本分,也是培养年轻编辑的有效途径。编辑室主任对自己的严格要求和对稿件的审慎把握是带好编辑团队的前提。

先讲个小故事。每天晚上睡觉前,我都会检查并关好门窗、煤气等各处。某天家里的小朋友要熬夜赶作业,让我先去休息。第二天早上,我惊讶地发现,家里各处他都关好了。这也许就是示范的作用,给他人带来了潜移默化的影响。

依此类推,编辑室主任认真对待复审工作,就会在很大程度上促成每个编辑认真对待初审工作。社里现在年轻编辑多,而年轻人大都是"学习快手"。所以,室主任每次的复审工作做好了,都是对编辑润物无声的指导。有了认真的态度,再加上科学的方法,假以时日,无论是年轻编辑还是室主任,整体审稿能力必然都会获得提升。

二、复审工作的实施路径

虽然每本书稿有不同的情况和特点,但通常来说,书稿的复审工作可分成三个步骤,即预审→正式审→撰写复审意见（或结合面谈）。

（一）不可省略的预审

预审指的是在正式审读书稿之前,对收到的书稿进行初步、快速的审读,不必作具体细致的编辑加工,主要看书稿的几个大方向。比如,全书的结构脉络是否清晰,章节之间的逻辑是否自洽,内容是否完整且围绕主题来展开,等等。

预审是需要责任编辑和室主任共同参与的工作,如果有必要,还需要请示终审。表面上看,预审会占据初审、复审的额外时间,但磨刀不误砍柴工,预审可以防患于未然,发现问题及时纠正,在确保书稿质量的同时,也可以提高正式审读时的效率。

对于那些初次合作者的书稿,预审这个步骤更不可或缺。即便对于熟悉的作者的书稿,这个步骤也不宜省略,毕竟每本书有不同的情况。如果不进行预审就直接进行编辑加工,待到责编自己发现或室主任复审发现重大问题需要退改时,各方面都会比较被动和为难。

复审者通常具有比较丰富的审稿经验,对各种相关专业书稿存在的共性问题相对来说比初审者更敏感。复审者和初审者共同对稿件进行预审,可以在出版源头把好关,减少后期返工造成的时间、人力等成本浪费的可能,是保证或提升图书品质的重要手段。如果预审中发现结构性等大问题,复审者需要和初审者共同协商调整方案,待汇报终审者后,再与作者沟通修改。

(二)不可随意的正式审

1. 复审的正式审要读什么

一是读初审的审稿意见。复审者应审读初审者书面的审稿意见和初审者在书稿上所做的具体修改,以了解稿件的大致情况和初审的编辑加工是否适切等。《出版专业实务·中级(2020 年版)》指出:"对初审者关于稿件优缺点、价值、质量、效益的审稿意见进行审核与判断,表明自己或认同、或反对、或补充、或存疑的态度。对于初审中提出的原则性问题,尤应注意分析;如果与初审者的看法不同,复审者应充分说明自己的意见。对于初审者遗留的问题,复审者应予以弥补,帮助解决。"

二是通读作者的全稿。《出版专业实务·中级(2020 年版)》指出:"复审亦应通读全部稿件,以对稿件的内容有一个全面的把握。""一般说来,复审者必须在把握全稿基础上,对某些需要特别注意的部分进行更为仔细的审读。复审者应站在比初审者更高的层次上，以更高的要求来审视稿件。"

复审审读主要看全稿的结构、内容和语言，关注稿件的政治性、科学性和实效性等多方面的情况，以及体例的统一、版式的美观和图文的匹配等方面。

2. 复审的正式审怎样读

对于一本书稿，复审者和责编一样，需要审读原稿和一校、二校、三校。当然，这四遍审读侧重点不同。原稿和一校样需要仔细通读，纠正问题，润色语言。二校样可以快速通读和看整体效果（如看双色或彩色样的图和颜色等）。三校样除了扫读全文，更应将审读的重点放在核查目录、版权内容等图书方面的信息。此外，室主任还要根据不同责编的审稿特点来调整书稿审读时的关注点。这就要求室主任在平时多与编辑沟通，增进了解。比如，有的编辑注重细节，凡是作者的引用数据，都会尽己所能核查出处，室主任在复审时就可以将审读重点放在大局方面或因果逻辑等方面，因为当编辑过于重视细节时，就难免忽略宏观或全局性的问题；也有的编辑比较盲信名师作者，比如对于书稿中的有关数据只是抽查或者不查，室主任一经发现，就要郑重向其提出问题，并且在复审中加强核查，确保相关数据准确无误。

（三）不可小觑的复审意见反馈

1. 为什么要撰写复审审稿意见

经过认真的预审和正式审读，室主任的复审工作并没有完成。撰写复审审读意见，就好比足球比赛最后决定成败的"临门一脚"。如果这时候室主任偷个懒，想着自己在稿件中已经标注了修改意见，加上其他工作很忙，就省点时间随便写几句复审意见，那么就失去了一个绝好的整理自我思路和帮助责编提高的机会，这是十分可惜的。每个人做事都渴望得到他人的评价和认可，有则改之，无则加勉，从而获得提升。室主任标改在稿件中的具体意见是分散的，如果不用复审审稿意见来总结，书稿中的问题和责编看稿中的问题就不能聚焦，不容易引起重视，也就不利于编辑审稿能力的提升。对于室主任本人来说，撰写审稿意见是对整个稿件审读情况的一次梳理，同时可以为终审审读提供决断依据。

2. 复审审稿意见撰写什么内容

如果原稿的质量比较好或者责编的编辑加工到位,那么复审审稿意见可以简略写;如果稿件问题比较多,复审审稿意见则需要写得详尽些,便于终审评判稿件和责编进一步处理。复审审稿意见的详略主要根据稿件的具体情况而定。复审审稿意见一般可写以下几方面:

(1) 对书稿的总体评价。如有必要,也可简述组稿或来稿背景,以便终审全面了解书稿情况,更有利于审稿判断。

(2) 对责编的编辑加工意见的评价或确认。包括对责编提出的质疑进行回复;遇到初审、复审都解决不了的问题,复审审稿意见中也应提请终审确认。

(3) 对审读中发现的主要问题进行梳理和归类,并提出修改和完善的建议。

(4) 小结意见。表明对一审提出的稿件处理意见和书稿所持的态度:同意或不同意发稿。

3. 复审审稿意见如何进行反馈

(1) 书面反馈审稿意见

如果书稿的整体质量较好,初审的编辑加工也到位,复审对书稿的意见不多,可以直接将书稿和书面审稿意见交给编辑处理后再提交终审审读。

(2) 书面反馈和面谈

如果审读中发现书稿中仍然存在较多的问题,室主任就应通过与责编单独面谈来进行反馈。一来当面交流可以避免因有限的文字造成不必要的误解;二来面谈更有温度,在直接沟通中更容易了解彼此的真实想法和达成共识,提高稿件修改的效率。

(3) 其他情况

有一种情形需要引起注意,那就是复审意见远远多于初审意见。这时候,室主任首先需要反思自己的审读是否过于严苛,有无可改可不改的意见;其次再去分析责编初审有无问题,审读是否不过关(如少有修改痕迹,是态度问题?如出现较多知识性错误或明显的硬伤,是水平问题,抑或其他原因?)。总之,室主任需要先了解清楚情况再做处理。

三、复审工作始终在路上

（一）助力编辑成长的支持者

编辑工作并不是单纯的体力活，虽然从早坐到晚看稿子也是很耗费体力的；编辑工作也不只是技术活，并不是通过"一万小时定律"就一定可以成为编辑专家。复审工作和初审工作一样，需要勤奋，需要思索，需要悟性，是一门讲究的艺术。编辑室主任相较于普通编辑，其优势在于具有一种综合权衡、整体统筹的能力，能够处理更为复杂的情况和问题。所以，室主任应该是站在编辑身后的坚定支持者、经验分享者和加油鼓劲者，应该尽己所能助力编辑的个人成长，也帮助他们使每一本图书都以最好的形态出版。

（二）心态开放的终身学习者

由于各种客观原因和主观局限，书稿中往往有一些复审者难以发现的问题。而且，随着时代的发展、知识的更新，复审工作和复审的经验也不是一成不变的。对此，我们应该有开放的心态，保持谨慎和谦虚，不断学习，自我迭代。台湾导演杨德昌拍过一部电影叫《一一》，里面有个小男孩洋洋特别喜欢拍照，而且是拍别人的后脑勺。是的，没有人能看到自己的后脑勺，不是说复审意见就一定是全对的。我们得承认，每个人都有自己看不到的东西。所以，复审者既要不断向审稿经验更为丰富、见识更为广博的终审者学习，又要不耻于向学习能力强的年轻编辑请教。

（三）迎难而上的思考者和行动者

如何克制或摒弃个人化的语言风格和改稿习惯，更高效、更精准、更艺术地修改稿件；如何在给出意见的同时，保护好责编的自信心和主动性；如何更新自己的知识体系，保持准确而敏锐的判断力……这些问题，都在考验着新一代的编辑室主任和复审工作。而他们的审稿能力、见识和品性，也正是在处理和解决各种问题的过程中来打磨和提升的。克服困难或解决问题，是获得进步的必经之路。复审工作始终在路上！

建立流程，明晰要点，努力提高期刊质量

——以《小学数学教师》为例

蒋徐巍

[摘要] 质量是期刊出版的核心要义，是期刊的生命线。其中，内容质量和编校质量是期刊日常工作的重点。建立完善的审、编、校流程是保障期刊质量的有效措施。本文以《小学数学教师》期刊为例，阐述该流程的具体设置，以及相关环节的工作要点，以期为期刊的高质量发展提供参考。

[关键词] 期刊　质量　流程　工作要点

期刊质量的提高，需要作者、编辑人员、审稿人员以及印制人员等齐心协力，涉及组稿、审稿、编校及印刷等多个环节。同时，期刊是周期性很强的文化产品，对时间控制的要求较高。如果没有强有力的审、编、校管控，是无法把好期刊质量关的。

《小学数学教师》是由上海教育出版社主办的数学教学类专业期刊，2014年首批通过国家新闻出版广电总局学术期刊认定，被评为华东地区优秀期刊。《小学数学教师》秉承"促进小学数学教学的研究与交流，提升小学数学教师的业务水平，提高小学数学的教学质量"的办刊宗旨，知名度、发行量、覆盖率均在国内同类期刊中居于领先地位，是我国小学数学教育界的品牌杂志。《小学数学教师》始终将提高期刊质量作为工作的重心，在多年的工作实践中，建立了清晰规范的编辑流程。

其中，所有编辑都要参与审稿、编辑加工、一校样审校工作；每期轮流由一位编辑担任发稿编辑，发稿编辑除完成前述常规工作，还需收发所有发稿稿件，安排一校样的审校，完成拼版并审读拼版样，完成封面发稿，审读正文打样；执行主编审核编辑发稿是否符合要求，完成一校样和拼版样的二审，完成封面的二审；主编对拼版样和封面进行终审。

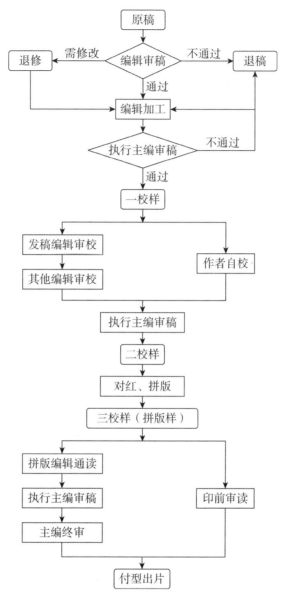

《小学数学教师》编辑流程

（说明：发稿编辑是指具体完成某篇文章审稿、编辑加工的编辑，由其完成该篇文章一校样的第一轮审校，再转至其他编辑审校；一篇文章的一校样一般要经过三位编辑的审校）

下面,以上页图所示的编辑流程为例,选择一些关键环节略展开陈述。

一、处理原稿环节

对于期刊来说,要想提高内容质量,处理原稿环节至关重要。这是因为,一方面,只有编辑凭借专业水准,严格把关,独具慧眼,才能在数量庞大的来稿中挑选出符合期刊要求,具有专业性、独创性、前瞻性的稿件,确保期刊的内容质量;另一方面,只有编辑专业、细致地处理原稿,才能把好稿件质量的第一道关,为后续的审校打好基础。另外,原稿如果需要作者进一步修改,也应在这一阶段完成。

一般来说,处理原稿环节可以分为以下几个步骤。

(一) 编辑审稿

这一步最能考量一名编辑的学术水准和专业眼光。编辑审稿主要考虑以下几方面:

一是政治性。坚持正确的政治导向是期刊出版的首要任务,编辑在审稿全过程中必须牢牢把好政治关,这是首先要考虑的。除了思想上重视,编辑应对现行相关的出版法律法规全面了解、重点把握;应对相关的政策和规定准确了解,如民族宗教问题、领土主权问题、港澳台问题、国际关系问题等;应对相关事实的背景知识,如国土疆界、国名地名变迁等谨慎对待。对于不确定的内容,必须查找资料核实,不能抱侥幸心理。

二是学术性。编辑需具备整个学科的知识和视野,不求精通每个细分专业领域,但要有所涉足和了解。要了解相关学科的研究前沿是什么,已有研究基础是什么。编辑要利用这些学术优势,判断稿件是否契合学科发展的大方向,是否提出新的观点和见解,是否给出可供借鉴和操作的实例,是否会引领新的发展方向,等等。比如,《小学数学教师》期刊的来稿中,课例占了很大的比重,面对同一知识点的不同课例文章,编辑需挖掘其中的创新点,判断其是否具有示范性和引领性,从而给出是否录用的意见。而对于时政类期刊,除了从学术上考量,还要审查其时效性,即是否贴合当前的形势动态和热点问题。

三是语言性。审阅原稿阶段,主要是通过通读稿件,对稿件是否符合文字规范、语言流畅有一个大致的判断。若某些内容需进一步打磨文字,可退作者修改;若通篇词不达意、文字混乱,或语言文字差错较多,则不符合期刊的选稿标准,应予以退稿。

在编辑审稿阶段,主要是对上述较为宏观的方面进行价值判断,主要解决是否有录用可能的问题,不宜在细节处纠缠。

如果对稿件把握不准,可请相关专家外审,要求外审专家对稿件的学术水平进行严格审查,对稿件能否录用给出明确的意见,以确保期刊的学术质量。

（二）编辑加工

期刊不同于图书,一般来说,一期刊物有多少篇文章,就(至少)有多少位作者。不同作者的文字功底、行文风格、文章体例不尽相同,如果在原稿阶段不做认真审阅和编辑加工,待到校样阶段再做,一则增加了工作量,二则校样改动越多越容易出错。

在初选出符合要求的稿件后,编辑须对原稿做认真、细致的编辑加工,提高内容质量和保证文字质量应齐头并进,尽量在原稿阶段消灭明显的差错,不要把应该在前期完成的工作后移。编辑加工过的原稿应保证无政治性、科学性差错,语句通顺,文字规范。

如果说编辑审稿阶段主要从宏观上把控,那么编辑加工阶段主要解决的是中观层面的问题,包括但不限于:

• 各级标题的层级关系是否合乎逻辑,避免出现下级标题涵盖上级标题的情况;标题下的内容是否与标题相吻合;各级标题是否划分合理;等等。

• 稿件前后内容是否有重复、交叉或矛盾,是否存在跑题的情况。

• 引用的理论是否得当,是否和论述的主题相关,是否出现理论和实践脱节的情况。

• "摘要"是否浓缩了全文的精华,"关键词"是否提取准确,引文是否加注且格式准确。

• 是否有明显的语言文字差错。

（三）执行主编审稿

编辑加工后的原稿需由执行主编复审,主要解决三个问题:一是审核该文章是否符合刊物的发表要求，二是审阅文章的编辑加工情况，三是解决编辑加工中留待处理的问题。

执行主编复审不是走过场，必须认真通读每一篇原稿，对于是否录用应给出最终的决定，对于不合要求的原稿应退回编辑，再次编辑加工或退稿不用。在复审中，尤其在以下两点要充分体现执行主编的把关作用：是否存在隐性的政治问题、宗教问题、国际问题等重大问题；是否能代表该领域的先进学术水平。

至此，每篇拟录用的文章在原稿阶段至少经过了两次审稿，从源头上保证了文章的质量。

二、一校样环节

在这一环节，采用如下举措以保证期刊质量。

（一）交叉审校

如果一篇稿件从编辑加工到审校都由一人来做，难免会出现"审读疲劳"，导致一些明显的差错被忽略。为此，可利用每一位编辑不同的文字敏感区域，从一校开始采用交叉审校。

具体方式为，每篇文章的一校样首先由发稿编辑审校。发稿编辑经历过对这篇文章的编辑加工，对文章熟悉，由其首校，容易发现排版中出现的问题，也易于对文章作进一步的编辑加工。发稿编辑首校后，一校样依次流转到另两位编辑手中，分别各进行一次审校。借助第三人，从编辑和读者的角度对文章做细致审校，这样做易于发现发稿编辑疏忽的问题，进一步减少差错，提高文章的质量。所有文章经过三个校次后，最后回到执行主编处，由其对所有校样做通读，对一校样作最后的审定，并解决编辑在审校中留存的需要解决的问题。通过交叉审校，在一校样阶段，每篇文章都要经过四轮审校，在很大程度上保证了文章的质量。

在这一环节，应对校样逐字逐句细读，主要解决文章微观层面的问题，包括但不限于：

- 用字用词用语是否有错误或不规范，标点符号的使用是否正确，量和单位的使用是否规范,数字用法是否统一,等等。

- 定理、性质、概念、术语等的表述是否准确。
- 公式、图表是否准确。
- 是否有数学运算上的错误。
- 是否有常识性错误、事实性错误。
- 是否有排版上的错误。

（二）作者自校

作者自校清样是提高杂志质量的一个有效措施。由于作者熟悉自己的稿件,编辑部在进行一校的同时,将另一份校样发给作者,请作者自校。提请作者自校时主要关注以下两点:一是确认编辑对稿件的加工是否合理,有无违背作者的原意;二是仔细审读文章,查漏补缺,亦可对文章作进一步完善。

三、二校样环节

二校样环节主要完成两项工作,一是对红,二是拼版。其中,对红是保证一校样的修改都已体现在二校样上;拼版是将零散的文章组合起来,形成完整的一期,须重点考虑当期栏目的完整性和合理性、版面的美观大方等因素。

四、三校样(拼版样)环节

期刊不同于图书,需要把不同类型的文章整合到一期刊物中,在整合、拼版的过程中容易出现差错。因此,审读拼版样也是非常重要的一环。拼版样同样采用交叉审读的方式,即先由本期拼版编辑通读拼版样,重点关注是否还有校样中遗留的问题没有解决,拼版中是否出现转行、转页的差错,图表有无错位,体例是否统一等问题;再交由执行主编复审,主要对该期栏目设置是否合理、重点文章是否突出等作出审定;最后由主编终审。

印前审读是提高期刊质量的又一有效措施。在三校完成后即将付印前,进行印前审读是非常有必要的。可以聘请知识渊博、编校经验丰富且有相关学科背景的资深编辑对每期杂志进行印前审读,从学科和编辑双重角度给出建议和具体的意见,不仅为期刊的内容质量保驾护航,同时也帮助年轻编辑提高业务水平。

浅谈学术集刊的创办与发展

——以《伦理学术》《劳动哲学研究》集刊为例

戴燕玲

[摘要] 学术集刊融合了期刊和图书的出版特点,日益成为学术论文出版的新方式。本文基于两种学术集刊的出版实践,总结了学术集刊的创办经验与发展方向。学术集刊创办需要主编发挥其影响力,同时,出版方要保证其常态化出版。学术集刊未来的发展要依托现代传播平台,增加传播途径;坚守学术品位,吸收更多学术新兴力量;严格出版规范,提高学术集刊的办刊质量。

[关键词] 学术集刊 常态化出版 出版规范 现代传播

一般而言,当科研学者们取得一定的学术研究成果并形成篇幅较短的论文时,他们首选在期刊上发表。但随着期刊投稿数量逐年增多,且我国有着严格的期刊管理制度,仅依靠期刊发表的方式无法满足大多数科研人员的学术需求,因而"除期刊、报纸之外,近年来被国内学界和社会公众广泛接纳的一类介乎期刊与图书之间的汇集学术论文的新出版方式"①——学术集刊应运而生。学术集刊融合了期刊与图书的某些特征:没有期刊的刊号,采用书号的出版规制;具有图书性质的集刊名(即书名)、主编(即作者)、目录等要素,也具有显著期刊特征的卷期、主办方、栏目、征稿等构件;具有连续性、专业性、主题性,一般聚焦某个学科领域,一本集刊固定一个主题,由多个单篇文章组合而成。

虽然在学术研究领域,学术集刊的认可度不及期刊,但是学术集刊雨后春笋般的发展势头,也在学术出版领域开辟了一方天地。有些学术集刊像期刊一

---

① 谢蕊芬.把脉学术集刊 突破发展瓶颈[J].出版参考,2016(03):64-65.

样被纳入权威的学术评价体系,得到不少科研人员的支持。中国社会科学评价研究院发布的《中国人文社会科学学术集刊 AMI 综合评价报告(2022 年)》开篇即指出:"学术集刊是重要的科研成果形式,在哲学社会科学发展过程中发挥着重要作用。"该评价指标体系共对 403 种中国人文社会科学学术集刊进行了评价,最后评出了 87 种核心集刊,316 种入库集刊。[①] 下面,笔者结合所负责编辑的两种学术集刊《伦理学术》《劳动哲学研究》具体谈一些心得体会。

一、学术集刊的创办与出版常态化

学术集刊的诞生和发展与其主编关系密切,创办之初,通常是知名学者利用自身在该领域的学术影响力和活动力来筹集出版经费、组织学术委员会、征集稿件等。出版社作为合作方,就是要携手主编及其所在的学术单位打造一种具有较高学术品位的出版物。《伦理学术》2016 年创办,主编是教育部长江学者特聘教授、复旦大学哲学学院邓安庆教授。他在《伦理学术》的总序中表达了自己的创办初心:搭建这一世界性的哲学平台,不仅为中国伦理学术融入世界作准备,而且也为世上的"仁心仁闻"纳入中国伦理话语之中而不懈努力。邓教授对《伦理学术》的定位高远,站在世界伦理秩序的重建意义上来打造这一自由对话和学术切磋的公共空间。因此,他借助自己的学术影响力,搭建了优秀的学术委员会,集聚了陈家琪、陈卫平、菲威格、佛斯特等 20 多位中外专家学者,他们不仅是《伦理学术》的审稿人,也是该学术集刊的重要撰稿人。《劳动哲学研究》2018 年创办,主编是上海师范大学知识与价值科学研究所所长何云峰教授。何教授依托每年一届的全国劳动人权马克思主义论坛,集聚了国内研究劳动问题的一批学者,以马克思劳动幸福理论为导引,深化劳动问题的跨学科研究。他们成为《劳动哲学研究》较为稳定的撰稿者,其成果可以说代表了我国对劳动问题的前沿研究水平。

学术集刊创办之后,要保证出版的常态化,按时、高质量地出版,形成类似品牌效应的统一性。因为学术集刊与其主编联系紧密,所以有观点认为,"当主

---

① 中国社会科学评价研究院.中国人文社会科学学术集刊 AMI 综合评价报告(2022)[R].2023 - 03 - 17.

编由于各种原因(如工作调动、访学等)卸任、更换,集刊就面临着中断、停刊的风险"。这种担忧不无道理,该文继而给出的解决之道是:将主编负责制转换为单位负责制,更多地依托高校、科研院所、学术团体等单位,以此保证集刊的出版常态化。① 但是,学术集刊的一大优势也正在于主编的个人学术魅力,而团体单位也会面临人员调动等问题,并不能保证长久地支持某一学术集刊的出版。笔者负责编辑的两种集刊虽然目前没有遭遇因主编变动而停刊的风险,但也要未雨绸缪。笔者认为,可以从以下三方面着手。

首先,在创办学术集刊之初,主编和出版方都要有精耕细作的思想准备。集刊不一定会有直接的利益回报,甚至会面临经济亏损。但是,保持集刊在学术上的高水准、出版规范上的严要求,就能在学术领域获得一定的口碑,继而形成较为稳定的出版形式和固定的资助支持。例如,《伦理学术》头三年的销售数量较少,经济效益为负,但因其国际性的学术定位获得了 2016 年度上海文化发展基金会项目资助,在专业的哲学学术圈崭露头角。

其次,依托学术会议来约稿、组稿,形成较为稳定的稿源。《劳动哲学研究》是全国劳动人权马克思主义论坛指定会刊,许多优秀的劳动哲学研究学者向该论坛投出了大量优质稿件。

最后,出版社作为学术集刊的重要参与者,要大力支持学术集刊的出版发行,在保护出版社版权利益的基础上,可以融合数字出版,加入多个数据库平台,方便读者及时获取集刊出版内容。只有精准吸引到学术集刊的读者群体,才能保证出版的需求持续下去。

二、发挥学术集刊的优势特征

相较期刊而言,学术集刊有一定的出版优势。期刊对单篇文章往往有字数的要求,一般篇幅太长的文章是很难被采用的。而且,期刊因栏目限制,很少录用超出栏目范围的好文章。而学术集刊对文章的限制相对较少,一般可以做到依据文章质量来决定是否采用,能够及时反映学术前沿。《伦理学术》第 13 期

---

① 谢蕊芬.把脉学术集刊突破发展瓶颈[J].出版参考,2016(03):64 - 65.

刊登了中山大学哲学系田书峰副教授 5 万多字的长文《感觉与想象,情感与理性:论亚里士多德的〈论灵魂〉的基本概念和问题》,该文提供了一份特别宝贵的亚里士多德"灵魂论"研究的文本史、问题史和注释史梳理,很有总结性意义。像这样的大篇幅文章是很难在版面限制较为严格的期刊上发表的,而《伦理学术》为其单独辟出一个栏目,还配了另外两篇同样主题的文章,使研究更加深入。

期刊强调原创性,通常很少录用翻译外国学者的文章。但由于某些学术领域存在发展的差异,一些外国学者的文章更能提供某一领域开创性的或者最新的研究成果。在这一方面,《伦理学术》进行了非常有意义的探索。我们争取到不少外国知名学者文章的首发权,他们将自己的文章以外文或者译文的形式在《伦理学术》第一次公开发表。例如,《伦理学术》学术委员、德国哈勒大学教授克勒梅(H. F. Klemme)的《康德论医学与人的健康——关乎哲学、自我保存与人道》一文用德文全文刊登在《伦理学术》第 8 期;《伦理学术》第 10 期花重金购得努斯鲍姆(Nussbanm)《美德伦理学:一个令人误入歧途的范畴?》一文的版权,努斯鲍姆被视为当代最为重要的美德伦理学家之一,她的这篇文章虽然在1992 年发表,但对"美德伦理"的反思仍然具有启发性。以上这些出版形式,是期刊和图书难以实现的。

学术集刊相对期刊来说,有更大的灵活性和自主性,能够及时反映社会热点,从学术角度给出深刻的分析与思考。例如,《劳动哲学研究》第五辑对青少年劳动观教育、疫情中赋闲农民工等热点问题进行了深入剖析;第七辑新辟"人工智能与当代劳动现实新特征"栏目,讨论时下火热的人工智能、元宇宙对劳动形态的影响。社会热点也许是热闹一时,但是其中所反映的深层次的结构性问题、根源性问题,值得从学理视角给出分析与解答。从这一点来说,学术集刊凭借其学术专业度和出版灵活性,完全满足这一吁求。

三、学术集刊未来的发展

(一) 依托现代传播平台,增加传播途径

学术集刊的学术定位,决定了其受众不是很多,但也正是其明确的学科划

分,读者对象是十分明确的。因此,学术集刊要充分利用现代传播平台,一方面找到目标受众,形成较为稳定的读者群;另一方面增强学术影响力,力争在本学术细分领域成为领头羊。《伦理学术》《劳动哲学研究》都加入了中国学术期刊综合评价数据库来源期刊(中国知网)、超星学术期刊"域出版"来源期刊,方便读者在线上阅读文章,并且都有专门的微信公众号来刊登出版信息并宣传,聚集了本领域专业的读者。而且,《伦理学术》在2021年成为"中文社会科学引文索引(CSSCI)来源集刊";2022年,《伦理学术》《劳动哲学研究》成为"中国人文社会科学期刊AMI综合评价(集刊)学术集刊"。两本学术集刊能够得到这两个重量级学术评价体系的认可,是对其学术影响力和学术出版地位的肯定,也促进了学者向其投稿的热忱。经过几年的发展,这两本学术集刊已经在各自的学术领域展现了其学术水准,聚拢起比较精准的学术群体,实现了正向循环,吸引了更多的优质稿源。

（二）坚守学术品位,吸收更多学术新兴力量

学术集刊的根本追求在于推进学术的发展,对于边缘学科或者相对冷门的领域仍然保持关注,"学术集刊的存在对于保持学术出版体系的多元性、完整性同样是不可或缺的,只有这样,学科发展才不至于僵化,并保持恒久的活力"①。因此,学术集刊要继续坚守学术品位,同时吸收更多学术新兴力量,尤其是硕博士研究生群体。《伦理学术》《劳动哲学研究》都刊发过不少硕博士研究生的文章,以文章质量作为录用与否的关键条件。因此,不少优秀的硕博士研究生选择在这两本学术集刊上首发文章,并得到了所在院校的支持与认可。对年轻学术新兴力量的扶持与肯定,可以使其成为学术集刊忠实的读者与作者,良性互动,相互促进。

（三）严格出版规范,提高学术集刊的办刊质量

学术集刊的出版工作对编辑的业务能力要求很高。学术集刊都是由多篇论文结集而成的,除了在收稿之初就明确文章格式体例问题,编辑还需要对多篇论文同时出现的专有名词、人名、地名等做好统一工作,对同一来源的译文做

---

① 王秀玲.论学术集刊的独特价值与发展路径[J].出版发行研究,2017(10):56-60.

核对统一,等等。可以说,需要兼顾期刊和图书的出版规范,既保证学术集刊的出版连续性,又要降低差错率,在规定的时间内保证形式与内容的双达成。提高学术集刊的办刊质量,是学术集刊未来实现更好发展必须把握住的生命线。一方面,要不断增加优质稿源,刊发优秀的学术研究成果,这有赖于主编和出版社的精诚合作;另一方面,要严格出版规范,保证出版全过程高质量完成,学术集刊的出版,要求编辑兼有学术图书学科编辑的意识与学术期刊专业编辑的意识,并对图书出版与期刊出版规范均有了解。①

总之,学术集刊在学术研究和学术出版领域具有不容忽视的作用,创办和推进一份学术集刊的发展并不容易,需要多方面的扶持。目前的学术出版环境对学术集刊愈加友好,因此,我们要进一步发挥学术集刊的优势特征,增强其学术影响力和出版传播力。

参考文献:

[1] 谢蕊芬.把脉学术集刊 突破发展瓶颈[J].出版参考,2016(03):64-65.

[2] 中国社会科学评价研究院.中国人文社会科学学术集刊 AMI 综合评价报告(2022)[R].2023-03-17.

[3] 王秀玲.论学术集刊的独特价值与发展路径[J].出版发行研究,2017(10):56-60.

[4] 佟英磊.人文社科类学术集刊编辑出版的融合发展[J].传播力研究,2020(04):135-138.

---

① 佟英磊.人文社科类学术集刊编辑出版的融合发展[J].传播力研究,2020(04):135-138.

编辑之法

字间留痕

工欲善其事,必先利其器。编辑处理书稿时,既要关注主题和内容的导向性、科学性等"大"问题,也要注意字词标点体例之类的"小"问题。因此,编辑工作要"苦"干、"实"干,也要"巧"干。我们的编辑秉承前辈的经验,大胆尝试,敢于创新,在选题策划、编辑加工等方面总结了诸多甚具实用价值的方法、策略或技巧,提升了编辑工作的效率。

编辑在审稿中如何进行网络资源搜索

朱　彦

[摘要] 在审稿中,编辑应当确保某些内容的真实性和准确性,除借助专业书籍、图册及工具书之外,网络是一个非常重要的途径。网络资源搜索涉及确定搜索引擎、设置关键词、定位专业或专门网站、选择接收路径及存储方式、判断信息真伪及质量高低等诸多方面。在信息化时代,网络资源搜索能力已然成为编辑的一项必备技能。本文针对网络资源良莠不齐、真伪夹杂的现状,以及编辑在审稿中对相关内容进行核正的困难,结合古籍、论文、法律法规方面的三个实例,对编辑在审稿中如何进行网络资源搜索进行了操作性演示和方法性说明。借助有效的方式方法,充分利用网络资源,在一定程度上能够保证书稿或文稿内容的真实性和准确性,提高审稿效率,提升图书的整体质量。

[关键词] 审稿　真实性　正确性　网络资源搜索　图书质量

在审读书稿的过程中,编辑常会遇到一个具有普遍性的问题:如何确认某些内容的真实性或准确性? 例如,"某法第 30 条规定……",此处法律名称、法条序号及内容是否完全准确? "马克思指出……",此处所引马克思言论的出处及具体表述是否完全无误? "《史记》卷八《高祖本纪》云",此处所引《史记》卷数及《高祖本纪》的相关文字是否一一对应并忠实于所用底本?

此时,就需要编辑本着严谨求实的态度,借助一定的工具或方法,仔细查证,确保相关内容真实准确。除了查阅馆藏或自备的专业书籍、图册及工具书之外,借助网络,充分合理地利用网络资源也是相当重要的一种途径。可以说,具有一定的网络资源搜索能力已成为信息化时代编辑的一项基本要求。

那么,面对良莠不齐、真伪夹杂的海量网络资源,我们应当如何有效地进行搜索呢？这是一个涉及面极为宽泛的问题，需要我们综合权衡，考虑搜索引擎确定、关键词设置、专业或专门网站定位、接收路径及存储方式选择、信息真伪及质量高低判断等诸多因素。为避免泛泛而谈，体现可操作性，以下结合三个实例展开叙述。

【例1】

《韩昌黎文集校注》卷四《送牛堪序》载："若牛堪者，思虚足以及之，材质足以行之，而又不闻其住者，其将有以哉！"

根据正文后的参考文献，此处所用《韩昌黎文集校注》为马其昶校注、马茂元整理的版本，由上海古籍出版社于1986年出版。依此信息，登录"全国图书馆参考咨询联盟"(http://www.ucdrs.superlib.net/，需注册，登录时间为2022年5月18日)，在搜索栏输入书名，进入页面1，选择相应的"年代"即"1983—1992"，点击匹配的书名，进入页面2。然后，在页面2上选择右侧"获取途径"之"试读"下的"目录页"，进入页面3。在页面3，找到卷四《送牛堪序》所在页码"二四六"后，关闭该页面。回到页面2，点击"获取途径"之"文献传递"下的"图书馆文献传递"，进入页面4。在页面4，输入包含第246页的页面范围、电子邮箱、验证码后，点击"确认提交"。打开所输入电子邮箱，会收到一封来自全国图书馆参考咨询联盟工作人员的邮件，点开后，再点击其所提供的网页链接，进入页面5，即可看到原书书影。经核对，引文中的"思虚"之"虚"误，应为"虑"；"其住者"之"住"误，应为"往"。

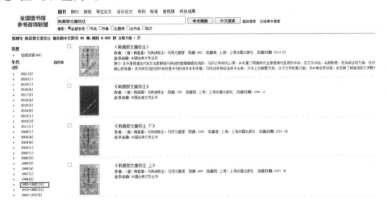

页面1

页面 2

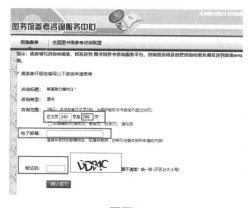

页面 3

页面 4

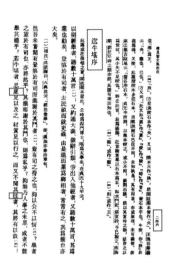

页面 5

此外，搜索古籍信息，还可以登录以下网站："中华经典古籍库"（http://publish.ancientbooks.cn/docShuju/platform.jspx）、"中国哲学书电子化计划"（https://ctext.org/zhs）、"知识图谱"（https://cnkgraph.com/Book）、"汉程网"（https://www.httpcn.com/）等。登录之后，输入关键词，即可进行搜索。

如果需要核对图书的书名、作者名、译者名、所属系列名、出版社名称、出版年份、重印和再版情况等信息，仍然可以通过"全国图书馆参考咨询联盟"进行查找。仍以上述《韩昌黎文集校注》为例，点击页面 2 中的"版权页"，即可转入页面 6，相关信息一目了然。

中國古典文學叢書

韓昌黎文集校注

〔唐〕韓　愈　撰

馬其昶　校注

馬茂元　整理

上海古籍出版社出版
（上海瑞金二路 272 號）

新華書店上海發行所發行　上海豪泰印刷廠印刷

開本 850×1156　1/32　插頁（圖）5　（平）2　印張 24.625　字數 487.000
1986 年 12 月第 1 版　1986 年 12 月第 1 次印刷
印數（精）1—1.100　（平）1—2.100

統一書號：10186·688　　定價：（精）7.90 元
（平）6.70 元

页面 6

此外，还可以通过"孔夫子旧书网"（https://www.kongfz.com/）、"当当网图书"（https://book.dangdang.com/）等图书交易平台，搜索以上相关图书信息。比如，通过"孔夫子旧书网"查找上述《韩昌黎文集校注》，可得如页面 7 所示相关信息，点击大图下方的第四个小框，同样可以看到此书的版权页，同页面 6。

页面 7

如果需要确认书稿提及的图书中一句、一段或多段引文的正确性，可以通过"微信读书""京东读书""得到""知网阅读"等网站或 App 进行操作。例如，核对书稿中引用的鲁迅小说《药》第一段中的一句话："除了夜游的东西，什么都睡着。"打开"微信图书"App，输入"除了夜游的东西"，点击"全文"，下拉页面，再选择点击其中人民文学出版社 2015 年出版的《鲁迅全集（全十八卷）》，就可以进入页面 8，核对引文，判断正确与否。

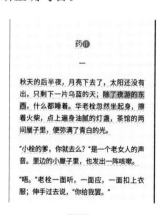

页面 8

如果需要查找整本书,那么可以借助一些专门的搜索网站,如"鸠摩搜索"(https://www.jiumodiary.com/)、"原创力文档"(https://max.book118.com/)、"淘链客"(https://www.toplinks.cc/s/)、"盘搜搜"(https://pansou.cc/)等。

【例 2】

王强军在《论刑事裁判中的结果导向及其控制》一文中指出,尽管网络社会和现实社会存在一定的互通性,但是将"虚拟空间中的公共秩序直接认定为现实空间中的公共秩序,还是存在明显的对于此类犯罪惩罚的结果导向思维"。

此段文字为间接引用与直接引用相混合,引用者在间接引用部分可以对所引用文字进行合理的编辑处理,而对直接引用的文字则必须保持不变,忠实于原文。通常,引用者会根据实际情况,在句中、页下或文末作注,标明所引文字的出处。审稿中,在作者由于各种原因无法提供原文的情况下,为确保引文准确无误,编辑可以尝试通过网络进行搜索。就本例而言,编辑可以打开"百度",输入关键词即文章名"论刑事裁判中的结果导向及其控制"(亦可同时输入作者名"王强军"),"百度一下",即可看到如页面 9 所示的相关搜索结果。点击第二个搜索结果("道客巴巴"通常会显示全文),进入页面 10。然后,在"批注"旁搜索图标处继续输入引文中的关键词"明显的",会跳至页面 11,即可显示相关原文。经核对,原文中,"认定为"前并无"直接"二字。

页面 9

页面 10

页面 11

此外,还可以通过一些专门的学术论文搜索网站进行搜索。仍如本例,进入"百度学术"网站,输入文章名,也可以看到相应的搜索结果,继而查阅并核对原文,如页面12所示。需要注意的是,在搜索时,关键词的设置应当尽量精准,有其"关键"之特质,不要选择一些较为常见、出现频率较高的字词,也不要一股脑将所有信息复制、粘贴,这样反而会降低"命中率",影响搜索结果的可得性。有时,虽然搜到了所需要的文章,但是引文"藏"得很深。此时,就需要耐住性子,通过"定位"一些具有标志性的关键字词(如数词、成语等)、关键位置如句首或句末的个别字词等,收窄搜索范围,尽快锁定目标字、词、句。

页面 12

【例3】

2000 年 2 月公布的《最高人民法院关于审理票据纠纷案件若干问题的规定》第十四条明确指出:"票据债务人以《票据法》第 10 条、第 21 条的规定为理由,对业经背书转让票据的持票人进行抗辩的,法院不予支持。"

法律法规的引用在书稿写作中是一种较为常见的现象,编辑在审读此类文字时,切忌一读而过,认为有引号"保护",只要没有字词、标点符号差错就可以轻易"放行"。就本例而言,编辑可以登录"国家法律法规数据库"(https://flk.npc.gov.cn/),在搜索栏输入文件名称即"关于审理票据纠纷案件若干问题的规定"(为提高搜索"命中率",可省略前缀,书名号亦可不加),结果如页面 13 所示。点击本例所指向的公布时间为 2000 年的第二个文件,进入页面 14。经核对,最高人民法院公布该司法解释的时间为 2000 年 11 月,而非"2000 年 2 月",如页面 14 所示;"票据法"在具体条文中无须加书名号,法条序号以汉字而非阿拉伯数字表示,"法院"前缺"人民"二字,如页面 15 所示。本例虽然仅有九十余字,看似无问题,但是借助网络进行信息确认之后,硬伤不少,扣分点立现,差错率严重超标。

页面 13

关于审理票据纠纷案件若干问题的规定

法释〔2000〕32 号

（2000 年 2 月 24 日最高人民法院审判委员会第 1102
次会议通过 2000 年 11 月 14 日最高人民法院公告公
布 自 2000 年 11 月 21 日起施行）

页面 14

第十四条 票据债务人以票据法第十条、第二十一条的规定
为由，对业经背书转让票据的持票人进行抗辩的，人民法院不予
支持。

页面 15

在网络上搜索法律、法规、规章、规范性文件等，应当根据其公（发）布或通
过机构，选择权威的官方网站，如全国人大、中央人民政府、最高人民法院、最高
人民检察院官网等，切忌以通过非官方渠道显示的文本为准。此外，对经典著
作、党和政府的文件、中央领导的讲话和著作等重要文献的核对也是如此。

身处高度信息化的时代,编辑要充分利用网络搜索引擎,通过便捷、有效的搜索方法,精准锁定搜索目标并予以必要的筛选和评估,找到真正需要的信息,取之以为己用,从而保证书稿或文稿内容的真实性和准确性,提高审稿效率,提升图书的整体质量。

教育理论类译稿常见差错举隅

孔令会

[摘要] 教育理论类译稿是教育出版中的一大难点。受制于原版书和翻译情况,教育理论类译稿经常存在各种差错。其中,政治性差错出现频率虽低,但其严重性不言而喻,审稿过程中应尤为重视并尽力消除;知识性差错和逻辑性差错出现频率较高,为保证译著的质量,审稿过程中应尽力将其降到最低。

[关键词] 译稿　政治性差错　知识性差错　逻辑性差错

学术书一向是编辑出版中"难啃的骨头",因为它在要求编辑具备良好的文字处理能力的基础上,更考验编辑在某一学科方面的专业能力,其审稿难度可想而知。在学术书中,学术译著因其比原创图书多了一层来自原著的"束缚",更是难上加难,令许多编辑望而生畏。笔者自从业以来,多从事教育理论类译著的编辑工作,深感好译稿寥寥无几,而译稿中的差错各式各样,千奇百怪。下面请看某译著原稿中的一小句话:

译文:马歇尔(**Marshall**)的《想象**千年后**的课程领域》(*Imagining the Postmillennial Field*)中的**第十章(2007年)**。[原文为 and Chapter 10, "Imagining the Postmillennial **Curriculum Field**," in **Marshall,et al.(2007)**.]

这句话中至少存在四个问题:(1)知识性差错,Marshall, et al.(2007)是夹注,其对应参考文献为[Marshall, J.D., Sears, J.T., Allen, L.A., Roberts, P.A., & Schubert, W.H.(2007). *Turning points in curriculum:A contemporary American memoir*. Upper Saddle River, NJ:Pearson Education.],译者未译出,导致失去检索价值;(2)知识性差错,"Imagining the Postmillennial Curriculum Field"从格式就可以看出是第十章的章名,而不是书名;(3)单词翻

译差错,"Postmillennial"错译成"千年后",应为"千禧年后"(即 2000 年后);(4)括注不准确,章名括注中的"Curriculum Field"缺失"Curriculum"。

从上例可知,不到两行的一小句话即错漏连连,遑论动辄数十万字的译稿。译稿处理确实是个耗时耗力的"大工程"。下面,笔者将结合工作实际,谈一谈译稿审读中遇到的一些典型差错。

一、原版书中存在的差错

"无错不成书"这句话也适用于原版书。很多编辑在审稿过程中将原版书视作"金科玉律",这在一定程度上是不可取的,因为勘误是翻译和审读的一项重要工作,审稿过程中要对原版书持质疑态度,有疑问的地方要多方查核,交相印证。

(一) 正文中存在的差错

通常来说,原版书的差错主要集中于正文,而正文中的差错在审稿过程中也比较容易发现,主要包括以下两种。(1)政治性差错。例如,"The Middle Eastern nations include **Egypt**,Turkey,Iran,Israel,**and the Arab countries**",句中将埃及和阿拉伯国家并列,但实际上埃及也是阿拉伯国家。又如,"such as those from **Latin America**,Russia,**and Haiti**",其实海地也是拉丁美洲国家。再如,"The **Scottish national curriculum** provides ...",众所周知,苏格兰不是国家,而是英国的一部分,因此"苏格兰国家课程"这一说法不可取。(2)知识性差错。例如,"After Engels's death in **1893**",据《辞海》等权威工具书,恩格斯逝世于 1895 年,因此此处有误。又如,"... Pope **Clement** Ⅳ disbanded it in 1773",经核查,教皇克雷芒四世在位时间应为 1265—1268 年,与 1773 年相距五百多年,此处应该为"教皇克雷芒十四世(Clement ⅩⅣ,1769—1774 年在位)"。再如,"China's new policy initiative 'Modernising Chinese Education **2030**'",句中文件名中的年份有误,中共中央、国务院发布的文件是《中国教育现代化 2035》。编辑在审稿过程中,常遇到超出自己知识面的问题,切记要勤查核,在避免出现差错的同时,也扩大了自己的知识面。

（二）辅文中存在的差错

一般来说，书的辅文主要包括序言、参考文献、索引、后记等。辅文中易出现以下几类差错：(1)政治性差错。参考文献罗列书名、篇名等信息，很多人默认它只会存在一些细微的格式问题，但实际上其中有时也会出现重大差错，因此必须逐条审读，不可轻轻放过。例如，"Nakamura，H.（1964）. *Ways of thinking of Eastern peoples*：*India*，*China*，**Tibet**，*Japan*（rev. ed.）（P. P. Wiener，Ed.）. Honolulu. HI：Eastwest Center Press"，这条参考文献将西藏与印度、中国、日本并列，存在重大的政治性问题。(2)知识性差错。例如，笔者曾审读的一本原版书中有这样一条索引，"Anti-Dübring（**Marx**），254"，但《反杜林论》是恩格斯写的，原文误作马克思写的。(3)规范性差错。例如，"**Education，U. S. D. O.** (2010). *A blueprint for reform*：*The reauthorization of the Elementary and Secondary Education Act*. Washington，DC：United States Department of Education."，这条参考文献的 APA 格式估计是机器录入的，Education，U. S. D. O.是机构名，被误作人名处理了，应调整为"United States Department of Education"。相较于正文，辅文中的差错更不易发现，因为译者对这些部分可能不会细致处理，其中的差错可能会一直遗留下来，或可称为"隐蔽的差错"，编辑在审稿过程中应予以重视。

二、翻译造成的差错

从笔者工作经验来看，大部分译稿中的差错是翻译不当导致的，以下分政治性差错、知识性差错、逻辑性差错和其他差错来举例说明。

（一）政治性差错

相较于翻译造成的其他差错，翻译中出现的政治性差错不多，但此类差错的严重性不言而喻，审稿过程中应尤为重视并尽力消除。例如，"维特根斯坦的父亲希望他能成为工程师，所以他曾先后在柏林、**曼彻斯特和英国**学习工程"，此处存在城市名和国家名并列的问题，根据原文"Manchester，England"应译作"英国的曼彻斯特"。又如，"直到 1191 年，**日本人创建了几个禅宗学派，像临济**

宗(Rinzai)和曹洞宗(Soto)，佛教禅宗才最终传入日本"，这是一个重大的政治性差错，"临济宗"和"曹洞宗"是中国人创立的禅宗学派，不是日本人创立的。再如，"20世纪初以前，**韩国**有占据统治地位的王朝，1910—1945年**韩国**被日本统治"，据《辞海》"1948年8月15日在朝鲜半岛南半部成立大韩民国"的表述，韩国于1948年成立，以前都称为"朝鲜"，因此此处不能译为"韩国"。

（二）知识性差错

科学性是学术类译稿的生命线，是译稿质量的根本保证。如果译稿中知识性差错丛生，就很难得到学界的认可，因此这应该是学术类译稿处理中的重中之重。这类差错主要包括专有名词（人名、文献名、地名等）和术语差错。此外，译名不考虑国家背景，也是一种常见纰缪。

1. 人名差错

外国人名是译稿处理中的一个重点，同时也是一个易错的地方，审稿中经常需要作专项处理。人名差错主要存在以下几种情况：（1）误译作他人。例如，"由德里达（源自**黑格尔**）提出的'解构'认为……"，加粗部分原文为"Heidegger"，应译作"海德格尔"；又如，"尽管柏拉图曾经在叙拉古（Syracuse）城邦独裁者**狄奥尼索斯二世**（Dionysius Ⅱ）的庇护下试图建立这样一个理想的社会……"，"狄奥尼索斯"是希腊神话中的酒神，根据《外国哲学大辞典》和惯用译法，此处应译作"狄奥尼修二世（Dionysius Ⅱ）"。（2）人名误译作术语。例如，"他的思想是柏拉图、**柏拉图主义**、康德、黑格尔、卡莱尔以及爱默生等人哲学思想的混合物……"，从"等人"的论述可知，"柏拉图主义"的翻译可能存在问题，核对原版书后发现加粗部分原文为"Plotinus"，应为哲学家普罗提诺。（3）术语等误译作人名。例如，"**麦克·艾默瑞克**（Mexican Americans）不是为了寻求美国思想和制度的根本变革……以此赢得社会的认可"，从括注"Mexican Americans"可以明显看出这不是人名，而是"墨西哥裔美国人"；又如，"**波尔斯**（Polls）指出，只有少数公民知道他们的代表和参议员是谁……"，核查全书，他处并未发现姓"Polls"的人，综合语境来看，此处的"Polls"应译作"民意调查"。（4）人名翻译不一致。实践表明，译稿中最为频繁出现的人名翻译差错就是翻译不一致，如一本译稿中有"赫伯特·凯雷巴德""赫伯·M.克立巴德""克利巴德"等多种译法,其实这是一个人——Herbert M. Kliebard,参照权威译法,应为"赫伯特·M. 克里巴德(Herbert M. Kliebard)"。

2. 文献名差错

文献名包括书名、文章名、报刊名和法案名等,此类差错主要包括以下情况。(1)未采用权威译法。例如,"1958 年的**《国家教育保护法》**(The National Defense Education Act of 1958)",从原文可以看出,这应该是美国历史上一个非常重要的法案——1958 年的《国防教育法》,这一误译属于重大的知识性差错。又如,"犹太经典还包括**《妥拉》**(Torah)、**《先知书》**(Prophets)和**《文集》**(Writings)",根据《宗教词典》,"犹太教的正式经典,包括《律法书》(即《妥拉》)、《先知书》和《圣录》三个部分",可知"Writings"应译作"《圣录》"。再如,"伏尔泰(Voltaire)的**《保存》**(Candied)",该书是伏尔泰的代表作,"Candied(老实人)"是对主人公的形容,且在国内已有多个译本,均译作《老实人》。(2)文献名断句差错。例如,"**《伊里亚特》**(The Iliad)……**《风》**(**Wind**)、**《沙》**(**Sand**)和**《星星》**(**Stars**)",Wind,Sand,and Stars 是一本书,而译稿误作三本书,应译作"《风、沙和星星》(Wind,Sand,and Stars)"。又如,"以下的选段均出自 1651 年首次出版的**《利维坦》,又名《国家的质料、形式和动力》**(The Matter,Form,and Power of a Commonwealth Ecclesiastical and Civil)",这里一个完整的书名翻译成了两个书名,此外翻译也不完整,根据《外国哲学大辞典》,Leviathan,or the Matter,Form,and Power of a Commonwealth Ecclesiastical and Civil 应译作"《利维坦,或教会和公民国家的内容、形式和权力》"。(3)其他差错。例如,"他在**《莽丛》**(The Jungle)中描写了肉品加工业中的丑闻……",根据语境,可知此处的《莽丛》翻译有误,"The Jungle"可译作"《屠场》",此书早有萧乾等人的译本,题为《屠场》(人民文学出版社 1979 年第 1 版)。又如,"在**《生物社会学:新的综合体》**(Sociobiology:The New Synthesis)一书中……",此处"sociobiology"译反了,不是"生物社会学",而应该是"社会生物学",Sociobiology:The New Synthesis 已有中译本,书名是《社会生物学——新的综合》(北京理工大学出版社 2008 年第 1 版)。再如,"如**《理性之烛》**(Eclipse of Reason)、**《黄昏与衰落》**(Dawn and Decline)","Eclipse"没有"烛"的意思，应为"消逝"之意，因此"*Eclipse of Reason*"应译为《理性的消逝》"；"*Dawn*"意思译反了，它有"黎明"之意，"*Dawn and Decline*"应译为《黎明与衰落》"。此外，与人名翻译相仿，文献名翻译亦常有多处翻译不一致的情况，限于篇幅，兹不举例。

3. 术语差错

术语差错存在以下情况：(1)没有将其作为术语翻译。例如，"培根说，**日常世界的谬论**是所有令人烦恼的事情中最令人烦恼的……"，加粗部分原文为"the Idol of the Marketplace"，从首字母大写并且加了"the"可以看出，这是个专业术语，结合培根的"四假相说"，可知这里应译为"市场假相"。(2)术语误译。例如，"奥古斯丁通过基督教信仰接触到柏拉图主义者(Platonists)和**信教主义者**(Neoplatonists)"，与对"Platonists"一词的翻译相对应，"Neoplatonists"应译作"新柏拉图主义者"。又如，"……他还催促人们必须'**发动一场推翻集权化的战争**'"，原文为"wage a war on totality"，是法国哲学家利奥塔的术语，应译为"向总体性开战"。又如，"当人们听说苏格拉底(被称为'**雅典的蛇**')选择了面对死亡"，加粗部分为 the "gadfly of Athens"，应为"雅典的牛虻"之意，苏格拉底说自己是雅典的牛虻，他要唤醒沉睡的国家及人民。

4. 背景失察

译文不符合所论述国家的历史背景，也是一种常见的知识性差错。如日本作者撰写的文章中，机构名不按罗马音（日文）翻译，而是按英文翻译，如 Ministry of Education, Culture, Sports, Science and Technology 翻译成"教育、文化、体育、科技部"，其实应该根据罗马音"Monbukagakusho"翻译成"文部科学省"。又如，"虽然摩奴不相信**社会阶级制度**有必要被继承，但一个世袭的**等级制度**却发展起来了……"，根据印度的历史背景，此处的"caste system"应译作"种姓制度"。

（三）逻辑性差错

好的译稿应该是逻辑通畅、条理清晰的，但相当一部分译稿存在各类逻辑性差错，下面仅以违背常理与自相矛盾两类差错为例进行分析。

1. 违背常理

有些译文仅从字面上稍加推敲，即可知其不合常理。例如，"在书的开头，梭罗就饱含热情地写道，要**抛弃睡眠**。他谈到，很少有人**清醒**得足以过一种'诗意或神圣的生活'"，显然，"抛弃睡眠"是不切实际的，从后文"清醒"可知前面的"sleep"应指一种不清醒的状态，因此此处的"throwing off sleep"可译为"摆脱一种昏昏欲睡的状态"。

2. 自相矛盾

很多译稿经常存在这样一个问题，即表面上文通字顺，但上下文却自相矛盾。例如，"托马斯·科尔（Thomas Cole）的绘画作品《**野牛**》（*The Ox-Bow*）看上去像河，但是，如果没有色彩的组合、逐渐消逝的**飞机**和灯光的明暗，我们不会觉得这是一个艺术作品"，由"看上去像河"可知，《野牛》这一翻译存在问题。托马斯·科尔是哈德逊河画派的创始人之一，"*The Ox-Bow*"是他1836年的重要作品《牛轭湖》。笔者观赏过那幅画，画中并无"飞机"，此处的"planes"译为"水平面"更为合适。又如，"**丹麦政府于2003年受委托编写了一份OECD国家报告**……OECD被委托评估丹麦综合学校（一至九年级）的评价文化"。根据后句，可以得知应该是丹麦政府委托OECD编写报告，前句主客体翻译错误。再如，"简·亚当斯（Jane Addams）（1931年诺贝尔和平奖获得者）发起的'**殖民之家**'运动"，从亚当斯获得诺贝尔和平奖可知，这里不可能是"殖民之家"，原文是"the Settlement House Movement of Jane Addams"，应为"亚当斯发起的'睦邻之家'运动"，这是社会工作领域一场非常重要的运动。

（四）其他差错

除上述三种差错外，译稿中还存在很多其他差错，笔者无法一一列举，下面重点关注词类翻译差错、句意理解差错和表述未更新这三类差错。

1. 词类翻译差错

词类翻译差错在译稿中通常占比较高，主要包括以下几种情况。（1）形近词翻译差错。例如，"如果一个人有一个圣约瑟夫的**身份**和一个圣玛利亚的**身份**，他一共有几个**身份**？"，此句令人费解，查原文，乃因"statue（雕像）"误译为"身份"。又如，"他曾经担任**美国联邦政府**顾问……"，此处"the United Nations

（联合国）"误译为"美国联邦政府"。再如，"古希腊哲学形成于**公元前 16 世纪……**"，根据古希腊历史，此处应为"公元前 6 世纪"。此类差错有时很难发现，审稿时须多作逻辑判断。（2）单词看错导致的差错。例如，"佛教大约在**公元前 552 年**传入日本"，据《辞海》，佛教相传创立于公元前 6—前 5 世纪（一说前 7—前 6 世纪），此处衍一"前"字，应为"公元 552 年"。又如，"一些学者认为现代**客观主义**始于这一发展。像贝克莱等一些思想者进一步发展了**客观**实在的观念"，贝克莱是主观唯心主义者，称他发展客观实在显然存在问题，查原文，乃因"subjectivism"和"objectivism"混淆，这里应为"主观主义"。（3）词义选择不准确。一个单词常有多义，翻译过程中应根据语境选择最适切的词义，很多差错是词义选择不当导致的。例如，"东方哲学非常关注生活中的苦难，但是在今天狭隘的思想框架下，人们可能**喜欢**佛陀，因为佛陀一开始也没有注意到苦难，一直到后来才注意到"，"like"有"喜欢"之义，但此处译作"喜欢"句意不通，应译作"和……一样"。又如，"1957 年，苏联把卫星送入**全球**轨道……"，"globe"有"全球"之义，但这里的"the globe"应译作"地球"。再如，"该机制的前提是**各国**在没有得到明确要求的情况下采用了《共同核心州立标准》"，从《共同核心州立标准》可知，这里的"states"应为"各州"，而不是"各国"。

2. 句意理解差错

句意理解有误的情况也很常见，最严重的情况是句子意思译反了。例如，"相信上帝创造了世界并且世界**是永恒不变的**"。原文为"Belief that God created the world, which is **not eternal**"，从"not eternal"可以看出，应译为"不是永恒不变的"，译稿译反了。又如，"即使是人们每日生活中的平常事也都暗含着'第三只眼'（the third eye）**所不能解释**的一些深意"，原文为"Even ordinary things in people's daily lives can hide some deep meaning that the third eye **uncovers**"，从"uncovers"可知，此处不应译作"所不能解释"，而应译作"才能揭示"。再如，"虽然表明练习游泳变成会游泳的关键点并不是由我们来决定的，但想到一个人一直练习到他**真正会游泳从水里出来**的那一刻，这是很有趣的。我认为我们可以说，通过练习，虽然**他没有学会**，但他也知道怎样游泳"。这两句自相矛盾，从第二句"没有学会"可以看出，第一句应为"练习到快要真正学会游泳的时候,就离开了水",因此没有学会。

3. 表述未更新

如果译书时与原版书出版时间相距甚远,原版书有些表述已显陈旧,则译稿中须作更新。最常见的情况就是生卒年的括注,例如"阿尔温·托夫勒(Alvin Toffler,**1926**—)",原版书于 2012 年出版,括注无误,但托夫勒于 2016 年去世,译稿此处应补上卒年。此外,原文若有"最近""今天""现在"等相关表述,也需格外注意。例如,"这种伪现代主义反映在**今天** 9—29 岁的 Y 世代的一些方面",此处宜加译者注或编者注,向读者解释:原版书出版于 2012 年,句中的"今天"指 2012 年左右。

综上所述,译稿中的"陷阱"是非常多的。作为编辑,我们要全流程做好译稿的把关和审稿工作。如:在选题阶段,引进高质量的图书,选择合适的译者;在翻译阶段,提前介入,做好译者交稿前的质量把控;在审稿阶段,挑选部分内容对照原版书进行审核,若未达到交稿要求,及时与译者沟通,采取退改等补救措施以提高译稿质量;在加工和读样阶段,提出针对性问题,与译者逐条解决。在做好出版流程管理的同时,最重要的是,加强学习,总结经验,使自己的审稿能力不断精进,如其不然,我们很可能与稿件中的很多差错"相见不相识"。

致谢:本文中引用了本社谢冬华老师和宋世涛老师在后续审次中发现的一些差错,尤其是在原版书正文中存在的政治性差错方面,借鉴了多条宋世涛老师提出的宝贵建议,两位老师也对本文的完善提出了多条建设性意见,在此表示诚挚感谢!

参考文献:

[1] 陈至立.辞海[M].7 版.上海:上海辞书出版社,2020.

[2] 冯契.外国哲学大辞典[M].上海:上海辞书出版社,2008.

[3] 任继愈.宗教词典[M].修订本.上海:上海辞书出版社,2009.

小学语文教辅图书中常见的插图问题及编辑策略

马佳希

[摘要] 小学语文教辅图书中插图的质量参差不齐,主要存在导向性问题、科学性问题、图文不一致问题、合规性问题。编辑需要严格审核,把好导向关;勤查善疑,积累经验;仔细对照,聚焦要点;追本溯源,标明出处。如此,把好插图的质量关,提升图书的品质。

[关键词] 插图 常见问题 编辑策略

插图是小学语文教辅图书的重要组成部分,对小学生理解文段内容、提高表达能力起着重要的引导、启发作用。笔者在编辑相关图书的过程中,发现其中的一些插图存在不少问题。现就这些问题进行分析,并提出相应的编辑策略。

一、常见的插图问题

在审读书稿的过程中,笔者发现小学语文教辅图书中的插图主要存在以下几个方面的问题。

（一）导向性问题

1. 地图问题

在小学语文中高年级教辅图书中,会有一些地图插图,辅助说明与历史、文化相关的知识点。这些地图往往会隐藏各种问题。

一是错绘、漏绘问题。比如,笔者曾在书稿中发现一张中国地图,图中漏绘了南海诸岛,并将台湾与祖国大陆用不同颜色标注。二是地名标注错误问题。比如,笔者曾发现一张中国地图,其中将"广西壮族自治区"标注为"广西省",将

"内蒙古"简称为"内蒙"。三是变形或压盖问题。比如,一些未用标准底图绘制的地图,极易产生图形变形或者地图内容被压盖问题。

这些问题是地图的常见问题,之所以会出现,主要是因为有的作者的国家版图意识淡薄,直接从网上下载未经审核的地图,或者在使用地图的过程中十分随意。凡是图书中涉及地图,编辑都要格外小心,认真审读,多了解地图知识,及时关注国家地图审核政策,做好地图审核申请。

2. 涉及政治、民族、宗教问题

在小学语文教辅图书中,会有一些涉及政治、民族、宗教等内容的插图,这些插图有时也会出现问题。

比如,笔者在书稿中经常发现国旗、少先队队旗的插图绘制不规范、不正确。其中有一张国旗旗面长与高的比例很不协调,有一张少先队队旗的旗帜图案很模糊。再如,在一篇介绍声母 f 的文章中,举了"fó"的例子,边上配了一张手拿佛像把玩的插图,极不合适。

这些插图很多是作者直接从网上下载的,由于政治导向意识淡薄,他们没有第一时间发现其中涉及的敏感内容,所以才会放任这些插图出现在图书中。作为编辑,我们则要保持高度警惕,对于涉及政治导向、民族风俗、宗教信仰等敏感内容的插图要仔细审核,杜绝此类问题产生。

(二)科学性问题

1. 知识性问题

在小学语文教辅图书中,知识性问题是插图的常见问题之一。

比如,笔者在审稿中发现一张足球的插图,足球表面的五边形黑色块被画成六边形形状。再如,笔者在书稿中发现过一张花卉图,其中桃花花瓣被错画成樱花花瓣。又如,笔者还经常发现很多昆虫的足会被画错,像蚂蚁、蜻蜓这样的六足亚门昆虫常会少画一对足。

像这样存在知识性问题的插图还有很多。究其原因,主要是插图绘制者没有查阅相关资料,仅凭已有的知识储备进行绘制,所以很容易造成知识性差错。这种问题插图若不及时解决,很容易使学生形成错误的认知。所以,编辑在审稿过程中要仔细甄别,避免这类问题发生。

2. 常识性问题

相较于知识性问题,插图中的常识性问题可能更加隐蔽,不易察觉。

比如,笔者发现书稿中有一张小朋友踏青的图片,图中池塘里还开着几朵荷花。踏青一般都是在清明前后,这个时候荷花显然还未开放,所以图中的景物不符合季节特点。再如,一本书稿中有一张小动物们在雪地里玩耍的场景图,图中出现了小刺猬。刺猬是会冬眠的动物,下雪天小刺猬在外活动显然是不合常理的。

绘图者如果缺乏常识或经验,又不留心观察,就很容易造成插图中的常识性错误。虽然这些问题有时很隐蔽,不易察觉,但是也会在潜移默化中影响学生的认知和判断。对于这类问题,编辑一定要认真观察、仔细辨别,尽早发现和纠正。

（三）图文不一致问题

小学语文教辅图书中的插图往往以生动的画面、形象的符号对文字内容进行解释,从而帮助学生直观地理解文意,促进思维的发展。因此,图文一致有助于学生高效学习。然而,审读书稿时,笔者经常发现图文不一致问题。

比如,有一本书稿,其中有一篇是讲解"数量词"的,文中提到"池塘里有五朵荷花,两只青蛙,一条小鱼",而对应的插图中只画了两条小鱼,没有荷花和青蛙。再如,该书稿中另外一篇是讲解反义词的,文中提到了"兔子跑得快,乌龟跑得慢",而对应的插图中画的是乌龟跑在兔子的前面。又如,该书稿中还有一篇是讲解方位词的,文中提到"小女孩的前面是滑梯,后面是过山车,左面是秋千,右面是木马",而对应的插图中显示的是过山车、木马都在女孩的右面。

图文不一致问题之所以会出现,主要是因为绘图者在理解文本时没有抓住内容要点,导致插图未能体现这些重要元素。书中编排这些插图是为了辅助学生掌握不同的知识点,一旦图文不一致,不仅不能准确地反映文本内容,还会增加学生的理解难度,甚至误导学生。因此,编辑在审读时,要确保图文一致,使插图对学生的认知理解起到帮助作用。

（四）合规性问题

书稿中的有些插图还会存在不合规的问题。

比如，一些插图上会有水印或者底纹，但是图片下方并没有标注来源；有的书稿中使用了学生的绘画作品，但是没有标注作者姓名；一些书稿中还会有一些实物图片，但是没有标明出处。

这些图片有很多是作者从网上随意下载的，或者随意选用了学生的作品。无论是学生作品还是网上其他人的作品，都要明确来源、标注出处，这既是对作者的尊重，也是对他人著作权的维护。编辑在审读书稿时，要尽早发现图片中存在的不合规问题，并与作者沟通，尽快解决，避免在图书出版后出现不必要的麻烦。

二、编辑策略

目前，针对图书出版中的插图还没有通用的使用标准或规范，因此插图质量的好坏主要由编辑把关。对于如何发现、处理插图的相关问题，笔者结合编辑工作实践谈一些自己的思考。

（一）严格审核，把好导向关

在审阅插图时，编辑要对导向性问题保持高度警惕。如果有插图涉及敏感内容，应与作者沟通，尽量避免使用。比如，上文提到的"手拿佛像把玩"的插图，是针对"fó"的例子而运用的，那便可以更换示例，改成"fà"，配上一张展示头发的插图；或改成"fú"，配上一张学生搀扶老奶奶的插图。这样，既不影响对知识点的讲解，也避免了插图中的敏感内容。如果书中一定要使用地图插图，应与作者沟通，下载使用官方网站提供的标准地图。如果标准地图无法满足需要，就要采用绘制的地图，但一定要严格履行地图送审程序，防范潜在风险。

编辑一定要强化政治导向意识，敏锐地觉察插图中的导向性问题，作出判断，第一时间处理，在源头上把好插图质量的第一关。

（二）勤查善疑，积累经验

插图会涉及许多知识性内容，包括一些跨学科知识，编辑一定要仔细辨别插图中是否存在知识性问题。比如，处理人物插图时，可重点观察人物的服饰、装扮有无问题；处理体育项目插图时，可重点观察器材、动作是否专业规范；处理节肢动物门昆虫纲生物的插图时,可重点观察其足的数量或附着点是否准确。对于自己无法准确把握或超出自身知识范畴的插图内容,要多查阅相关资料,或请教有经验的前辈、专家。

插图涉及常识性问题时,编辑要联系生活实际或自身经验去发现和解决。有些常识性问题比较隐蔽,且囿于个人经验,编辑难以第一时间察觉,最好的办法就是多观察几遍,并带着质疑的眼光审视插图,这样更容易发现问题。每处理一次这样的常识性问题,编辑都要有意识地进行总结,做好记录,积累经验,以后再遇到同类型的插图,便能很快发现、处理相关问题。

（三）仔细对照,聚焦要点

对于插图中的图文不一致问题,编辑只要多加审阅,仔细核对,便能发现。要解决这类问题,需要与插图绘制者进行详细沟通。上文也提到图文不一致问题很大程度上是因为插图绘制者对文本的理解和把握不准确。所以,编辑要先提炼文本的内容要点,进一步把握作者想要传达的意思,然后与插图绘制者进行沟通,尽量提供更简洁明了的绘图文本或关键词,帮助绘制者快速抓住主要信息,对插图进行调整。

（四）追本溯源,标明出处

处理插图的不合规问题时,编辑要有明确的著作权保护意识。一旦发现有未经授权或者是非原创的作品,一定要与作者及时沟通,核查插图来源,取得著作权人的许可或者购买相关插图的使用权。如果一些插图无法核实来源,或者无法获取使用权,就要更换插图。

小学语文教辅图书中存在大量插图,在审稿过程中,编辑要重视插图的作用,增强对插图的把关意识,采取有效策略处理插图的相关问题,提高插图质量,从而提升图书整体品质。

参考文献:

[1] 常超.教科书插图的科学性问题及对策[J].中国出版,2016(23):35-38.

［2］李峥.关于教辅图书中导向性问题的思考［J］.出版参考,2021(05)：81－82＋87.

［3］梁荣.要重视对科技、艺术插图的把关［J］.出版科学,1996(04):27.

［4］任赟.人文社科图书地图插图的审读及处置办法［J］.传媒论坛,2023(02):97－99.

［5］许士杰.图书出版中地图插图的审读和处置研究［J］.新闻传播,2021(06):79－81.

［6］严结娥.图书编辑实践中遇到的主要问题及编辑策略［J］.广西教育学院学报,2018(03):79－82.

［7］周霄.教辅图书中常见编校问题分析与对策探讨［J］.新闻研究导刊,2023(05):230－233.

英语阅读类教辅图书编校初探

朱红梅

[摘要] 英语阅读理解是检测语言学习水平的重要方式，在中高考中占有较高分值。英语阅读理解类教辅一方面满足了学生的备考需求，另一方面也承载了对学生进行人文教育的功能。本文就英语阅读理解类教辅在审读过程中应注意的六个方面，即政治性与科学性、时效性、准确性、逻辑性、图文一致性、题目设置合理性，进行探讨和思考。

[关键词] 阅读　英语教辅　审读　编校

《义务教育英语课程标准（2022年版）》指出，语言技能分理解性技能和表达性技能，听、读、看是理解性技能，说、写是表达性技能。理解性技能和表达性技能在语言学习过程中相辅相成、相互促进。英语阅读不仅承载着对学习者进行人文教育的功能，在提高学习者的语言理解能力方面也有重要的作用。

语篇阅读是英语学习的重点，也是检测英语学习者综合英语能力的手段。中小学阶段英语教辅类图书种类繁多，其中阅读类教辅图书在市场上占据非常大的比重，这一方面是因为目前中高考的考查方式越来越偏重阅读理解，另一方面是因为阅读能力的确能很好地体现学习者的语言理解性技能水平，对于提高学习者的学习能力、人文素养等都有极其重要的作用。

笔者在过去多年的编校过程中发现，英语阅读理解类教辅书特别容易出问题。由于绝大部分编写者是非英语母语者，阅读语篇大多是从英文网站、国外媒体、英语学习资料中获取的。编写者通过对文章改写、缩写或替换部分词汇，将文章打造成适合不同学习阶段的语篇材料，再根据目前各阶段考试考查的语篇理解能力要求，对文章进行题目设置。因此，在对英语阅读类图书进行编校的过程中,编辑应对以下几个方面做仔细审读。

一、政治性与科学性

英语阅读语篇首先要语言地道、原汁原味,因此材料大多选自国外媒体、报刊或网站,编辑在审稿过程中尤其要注意政治性问题。一般而言,涉及国家主权、领土归属、民族关系、宗教信仰、地图中的国界线画法,以及伦理道德、价值观念等方面的内容时,文章中就容易出现政治性和思想性问题。

阅读文章的科学性是编辑需要考量的另一重要因素。英语阅读不仅仅是语言学习的过程,还是培养学生人文素养、科学素养的过程。因此,编辑在审读稿件时,应当对文章的科学性进行仔细甄别。比如,笔者在编辑一本阅读类教辅时,发现有一篇阅读文章是关于十二星座的。虽然"星座说"在当下很受追捧,尤其是涉世未深的中学生更是喜欢,但能不能因为迎合学生的阅读兴趣而将文章收进书中呢? 文章中提到个人的性格以及未来发展等都与星座有一定关系,这样的提法是否合适呢? 答案显然都是否定的。笔者认为,编辑在选取阅读文章时应该首先考虑其政治性、科学性,对于三观还未定型的中小学生来说尤其如此。另外,关于吸血鬼的起源故事等恐怖血腥的内容,也不适合选入阅读材料。

因此,编辑在审读稿件时,时刻要将政治性和科学性放在首位,消除不利于中小学生身心健康发展和建立积极向上世界观、人生观、价值观的内容。

二、时效性

中小学教辅图书中的阅读文章常常与时政、热点、流行话题等相关,这类文章也很容易随着时间推移被淘汰。因此,编辑在审读稿件时,对文章的时效性应有足够的关注。

比如,笔者在审稿时发现一篇关于电动汽车的文章,文中对电动汽车的描述至少滞后了五年时间,比如续航里程、电池容量等。这些信息说明文章并不是对电动汽车发展现状的概述,因此编辑就要对内容进行修改,或予以替换。另外,像奥运会等重大事件常常会在阅读文章中被提及,编辑需要根据客观事实和时间线,对阅读文章进行修改和调整,否则,读者阅读的时效性体验会较差。

三、准确性

英语阅读语篇作为有特定主题的语篇,常常会涉及一些重要历史事件,其相关的时间、地点、人物等信息必须准确无误。事实上,阅读文章中恰恰是这些细节容易出错。比如,一篇文章里提到第 29 届夏季奥运会开幕式举行的时间是"8:00 a.m. on August 8th, 2008",而事实是,开幕式是在晚上 8 点举行的,这里的信息有误。再比如,一篇文章提到汤姆·克鲁斯 2002 年拍摄了《甜心先生》这部电影,经查证,应该是《少数派报告》。类似这种涉及具体时间、地点、人物、事件的信息,编辑必须——核查,否则会影响文章的可信度和准确性。

四、逻辑性

由于英语阅读语篇多由编写者进行改写,语句之间的逻辑关系有时会因为删减和改写而出现前后不一致甚至矛盾的情况。对此,编辑需要与编写者进行沟通,确认原文来源和出处,对文章逻辑进行梳理,以免造成理解偏差。

五、图文一致性

英语阅读语篇的配图常常起到画龙点睛的作用,不仅能愉悦阅读者的体验,还能加深对文章的理解,小学阶段的阅读语篇配图尤其如此。编辑在审读书稿的同时,需要对配图进行仔细检查。比如,图片是否与文章内容一致,人物的数量、年龄、体态、表情、身体语言,图中物品的颜色、数量、场景等是否与内容匹配,这些都需要——核对。比如,一篇文章中提到某男孩打球时不慎右侧胳膊骨折,无法参加第二天的学校文艺演出,图中的男孩却是左侧胳膊打了石膏。还有文中提到的是绿色柠檬,而配图中画的却是黄色柠檬。同页面配图有排球和篮球,两个球在图中的大小一样,与事实不符,难免给学生的阅读造成困扰。因此,编辑在审读文字时,必须同时对所有图片进行审核,及时发现问题,不断提高图书的编校质量。

六、题目设置合理性

英语阅读语篇的题目多为编者自行设计,部分语言表述不够地道,语法错误也会相对多一些。编辑在审稿中应注意题目设置和答案的时态一致性、答案与文章的匹配度、问题的合理性、选项的逻辑性等。

英语阅读理解类教辅图书由于其内容所承载的人文教育功能,需要编辑对内容的政治性、科学性、时效性、知识性等进行认真的审查和筛选。另外,文章也需要根据不同年龄段、不同阶段的考纲要求进行匹配,题目设置要考虑合理性和干扰度等,这些都需要编辑花费较多的精力和时间做好把关。

参考文献:

[1] 刘一苇.编辑英语教辅应如何保证时效性[J].采写编,2021(11):133-135.

[2] 陆鸿.浅议新形势下如何提升英语教辅图书的质量[J].新闻研究导刊,2020(14):172-173.

将教育游戏融入小学数学教辅图书策略初探

陈月姣

[摘要] 小学生处于大脑快速发展的阶段。他们活泼好动,对周围的一切充满好奇,但很难将注意力集中在文字和数字方面的学科学习上,而更喜欢体育课和手工课。因此,探索更具趣味性的数学教学方式成为近年来小学数学教学的一个重要课题,包括采用教育游戏等教学模式。在这个背景下,如何使小学数学的教学效果最大化,真正促进学生思维能力的提升,让学生在学习数学的过程中感受到乐趣,并将所学知识应用于日常生活,成为新课改背景下小学数学教学改革的重要方向。所以,开发教育游戏与小学数学的融合出版物具有一定的现实意义。

[关键词] 教育游戏　小学数学　教辅出版物　教学融合

一、教育游戏与小学数学教学的融合

教育游戏具有三个基本特征:教育性、娱乐性和互动性。其中,教育性是教育游戏与非教育电子游戏的本质区别,教育游戏的主要目的是为教育教学服务,助力学生未来发展;娱乐性是教育游戏采用的外在表现形式,通过游戏的趣味性和故事性来呈现知识,与某些教育平台缺乏趣味性和故事性的知识呈现方式有所不同;互动性是教育游戏的另一个重要特点,通过互动式的学习过程,让学生更加主动地参与到学习中来。

小学数学是数学教育的早期阶段,通过文本教材和教师的指导,让学生学习关于数的认识、四则运算、图形和长度的计算公式、单位转换等一系列知识。在此阶段学习到的知识是为初中及以后数学学习打下良好的基础。同时,数学作为一门重要学科,能够有效锻炼学生的思维能力,包括空间构造能力和逻辑思维能力。这些能力在学生今后学习其他学科时也具有重要的基础作用。

教育游戏在小学数学学习中的应用不只表现在课堂教学方面,包括课前预习、课后练习、阶段复习等的多个教学阶段,都可以使用游戏化的设计进行内容编排,最直观地激发小学生的数学学习热情。同时,相关调查研究表明,当学生对某一件事产生浓厚兴趣时,其大脑皮层也会更加兴奋,此时学习新知识和接受新事物的效率更高。因此,通过教育游戏的方式激发小学生对数学学科的学习兴趣,可以进一步提升小学生学习数学的效果,提高小学数学教学的质量。

二、教辅出版物中融合教育游戏的价值与意义

当今社会,学生对课外学习的需求越来越强烈。出版社出版教辅,一方面可以满足市场以及学生日常生活中对学习材料的需求,另一方面也能够满足学生和教师在巩固知识等方面的需求,对于提升学生学习能力,加深对教材的理解,具有重要作用。通过教育游戏的设计与应用,还可以进一步深化学生对知识的理解。在小学数学学习过程中,结合游戏教学的模式,很多学习内容都能够更加清晰地展示出知识的含义,这为学生加深对知识的理解提供了有效手段。

同时,以教育游戏的方式进行教辅设计,有助于学生树立正确的学习观。在小学数学教学过程中,教育游戏模式能够更大程度地调动学生学习的积极性和主动性。学生通过游戏自主探索知识的内涵和作用,进一步实践新课改理念下倡导的教学观念。在这种模式下进行数学知识学习,可以培养学生的自主学习态度,在教育游戏的引导下真正树立正确的学习观。

通过游戏化的方式进行数学知识的学习,更有利于促进学生的全方位发展。数学学科的学习不仅仅注重单一知识点的记忆和应用,更旨在全面提升学生的能力。这种学习方式可以让学生在实践活动中灵活运用知识,感受到数学知识与生活的联系。同时,游戏化的学习方式也能加强师生之间或者亲子之间

的情感交流,让学生更愿意向教师或家长请教和寻求帮助,而不是畏惧或逃避困难。

三、将教育游戏融合于小学数学教辅出版物的途径与思考

在将教育游戏融合于小学数学教辅出版物的过程中,策划编辑和作者要共同研究和探讨,从学生的思维特点出发,有目的地设计内容。小学阶段是学生思维方式建立和快速发展的阶段,不同年级学生的学习和思维有不同的特点,他们喜欢的游戏内容和风格也存在一定的差异。如果在教学过程中适应学生的思维特点,有针对性地进行教学内容设计,将能事半功倍。比如,对于低年级学生的游戏化教学,一定要注重在内容设计上避免过于复杂和难度过大,以免影响学生的学习信心,产生负面效果。

同时,策划编辑和作者要关注内容的设计与实际生活的紧密关联性。作者在进行内容设计时,选择的游戏内容不能脱离实际生活,否则学生将无法感知数学学科与生活的关联性,导致与市场和读者的脱节。

除了考虑教育目标和教育内容,选择游戏形式时也应考虑学生的年龄、性格和发展状况等特点,选择与学习实际贴合的游戏设计。例如,对于不同的预习任务,可以设计简易游戏以达到预习的目的;对于巩固知识和锻炼思维的学习目标,可以围绕知识点设计思维导图类实践操作游戏;对于相关的课后作业设计,可以采用关卡设置的方式提供益智闯关游戏,帮助学生按照学习难度进行层次化的游戏设计,让学生在闯关卡的过程中不断提升学习能力。此外,还可以设计角色扮演类型的游戏,让学生在游戏场景中体验角色,在完成游戏任务的过程中提升数学思维能力。

在这里,笔者以《网红餐厅里的数学谜题》这套具有小学逻辑思维训练功能的教辅教具图书产品为例,介绍如何将教育游戏融入教辅出版物。在策划初期,策划编辑与作者进行深入沟通和市场探索,结合当下学生读者和家庭教育中的实际需求,进行产品设计。为适应不同学段学生的学习特点和解题时面临的各种问题,作者进行有针对性的游戏设计,从学生的底层思维出发,打造"寻找条件—组合条件—构建逻辑通路—最终解决问题"的思维建立过程,设计适

用于小学阶段的各种题型。图书内容设计形式多样,例如采用具有可操作性的图卡设计,模拟餐厅的情景,让学生在操作过程中锻炼逻辑推理能力。同时,在题目设计中采用层层递进、难度螺旋式上升的方式,帮助学生在练习中随着学习能力的提升,逐渐提高解决更高难度问题的能力。这样的学习过程让数学真正成为一门培养现实应用能力与生活技能的学科,而非仅仅停留于计算学科。在趣味性与科学化的设计中,学生的解题能力与学习能力得到了双重提升。这是笔者将教育游戏与小学数学知识融入教辅出版物的一次初步尝试,获得了市场的认可和读者的欢迎。这也说明,这方面的研究是适应市场和学生的认知及学习需求的。

在理科教辅图书出版中,除了融入数学游戏以增加趣味性外,还可以探索设计纯粹的数学游戏,帮助学生在玩中学。这种类型的游戏可以通过游戏中的数学问题和挑战,激发学生的学习兴趣和热情,帮助他们更好地掌握和理解数学知识。作者应当根据学生的年龄和能力,从学生的需求和兴趣出发,设计趣味性强、丰富多彩的数学游戏。一种有效的设计思路是,设计具有挑战性的数学游戏,这种游戏能够让学生面对挑战并获得成就感。同时,游戏的设计可以围绕单一或组合的数学知识点进行,例如立体几何、排列组合、追及问题等。举例来说,笔者策划了一套教辅图书《小积木大数学:立体王国大冒险》,以游戏的形式融合了立体几何的知识,从不同角度如色彩搭配、游戏故事引入,甚至在积木教具等方面进行了精心设计,以确保游戏本身能够引起学生对学习数学的兴趣和热情。

另外,游戏的设计还要结合实际应用场景,让学生能够实际体验数学的应用价值,比如通过游戏任务来计算面积、体积、轮廓系数等,可以帮助他们理解数学在日常生活中的重要性。设计者还应该提供实时反馈机制,让学生及时了解自己的进度和成绩,以便改善或进一步加强学习。

总之,设计良好的纯粹的数学游戏可以提高学生学习数学的兴趣和参与度,也为学生提供了复习知识点的机会,从而加深对数学知识的理解和掌握。

四、结论

经过研究和推广,教育游戏的融入已成为未来小学数学教育中的重要趋势,它不仅可以提高学生的学科学习成绩,更能够通过创新的教学方式培养学生全面发展的能力。此外,教育游戏在教辅出版领域同样有着广阔的应用前景。将教育游戏融合到教辅出版物中,不仅能够提高学生的学习兴趣,促进知识的吸收和理解,而且可以提高学习效率,激发学生的创造性思维,在长远的学习道路上营造适应未来社会千变万化的环境。因此,教育游戏的推广和应用,对于未来小学数学教育和教辅出版事业的发展将会产生积极而深远的影响。

参考文献:

[1] 魏玉红.计算机教育游戏用于小学数学学科教学的实践尝试[J].数据,2023(01):205-206.

[2] 丁建园.计算机教育游戏在小学数学教学中的运用实践探究[J].中国新通信,2022(24):194-196.

[3] 李玉萍.教育游戏与小学数学教学有机整合的策略[J].新课程,2022(43):118-120.

[4] 季婷婷.教育游戏在小学数学教学中的应用思路探究[C]//廊坊市应用经济学会.对接京津——协调推进基础教育论文集,2022:1772-1775.DOI:10.26914/c.cnkihy.2022.041360.

新课标背景下英语阅读类图书的出版优化
——以《读霸》为例

李清奇

[摘要]《义务教育英语课程标准（2022 年版）》对英语课程的性质做了调整，围绕英语学科核心素养的培养，提出了以分级主题为纲、以语篇为依托等新理念。作为英语教学中必不可少的辅助之一，英语阅读类图书的优化围绕主题、语篇展开，设计的主题、语篇、活动、任务以整合语言知识、文化知识、语言技能和学习策略为目标，让主题引领下的语篇阅读成为提高学生英语学科素养的切实抓手。

[关键词] 英语课程标准　主题　语篇　英语阅读　图书出版优化

2022 年 4 月，教育部颁发《义务教育英语课程标准（2022 年版）》（以下简称"新课标"），重新定义了英语课程性质，不仅将英语作为一种交际"工具"，更着力挖掘英语课程的"育人价值"。① 新课标围绕核心素养提出了"构建基于分级体系的课程结构""以主题为引领选择和组织课程内容"②等创新性理念。根据分级理念，课程目标有显著变化：从核心素养所包括的语言能力、文化意识、思维品质和学习能力等四个方面，设置学段课程目标。根据以主题为引领、以语篇为依托的理念，课程内容全新调整，在融合六大要素的基础上，设定分级要求。

新课标一系列的变化，标志着基础教育英语课程由"三维目标"全面进入

---

① 王卉.义务教育英语新课标的"变"与"不变"——兼论语言知识在新课标中的平衡作用[J].四川师范大学学报(社会科学版),2023(01):130-137.
② 中华人民共和国教育部.义务教育英语课程标准(2022 年版)[S].北京:北京师范大学出版社,2022.

"核心素养"时代,①这对新时代义务教育阶段的英语教学提出了新的要求,对教师、学生在英语教与学两方面的实践均提出了新的挑战。

一、英语课程教与学的新挑战

(一) 传统教学方法与新课标要求之间存在偏差

以"三维目标"为导向的课程标准更偏向"内容",②在这一导向下,英语教学集中在培养"综合语言运用能力"上,教学设计与教学活动大多是围绕语言运用能力的培养展开的,导致传统的课堂中出现大量碎片化的、以语言知识和技能为中心的"填鸭式"教学,让英语学习最后落到应试结果上。

以核心素养为导向的课程标准则重视"成就",以凸显"人的发展"。③新课标要求教师以语篇研读为逻辑起点进行有效教学设计,引导学生"逐步从基于语篇的学习走向深入语篇和超越语篇的学习"④。课堂学习的主体转移到学生,通过自主学习,在语篇阅读中获取知识,形成较全面的主题认知,自主判断并表达自己的观点,完成自我成长。同一单元主题下多语篇整合性学习的方式成为新时代英语课堂的必然,灵活整合各种语篇资源、充分了解学生基于主题的已知和未知、设计紧靠主题的任务和活动变成教学实施的重点。

(二) 英语阅读类图书难以满足新课标的要求

"三维目标"课标下,英语教材中的内容模块因"交际"需要,"话题、任务、活动成为教科书的编排线索和主要内容"⑤。教材中适合阅读教学的材料更多被用来服务语言技能发展的要求,教师大多采用直接讲授的方式,以扩充词汇量、理解多样化句型、掌握时态语态等类型的活动来完成课程教学。

目前市场上的课外英语阅读类图书有英语分级读物、英语原著、双语对照

①⑤ 王卉.义务教育英语新课标的"变"与"不变"——兼论语言知识在新课标中的平衡作用[J].四川师范大学学报(社会科学版),2023(01):130 -137.

②③ 余文森.从"双基"到三维目标再到核心素养——改革开放40年我国课程教学改革的三个阶段[J].课程·教材·教法,2019(09):40 -47.

④ 中华人民共和国教育部.义务教育英语课程标准(2022年版)[S].北京:北京师范大学出版社,2022.

类图书、阅读技能提升类图书、语篇阅读类图书等，类型多样，它们作为英语学习的补充，有举足轻重的作用。但英语阅读类图书品类繁杂，对于教师、学生匹配新课标学习要求有天然的局限性：判断、筛选、适配能力要求较高。

"呈现丰富科学文化知识的、高度清晰和结构化的、具有丰富文学性和艺术性的篇章"①，对于培养核心素养的英语学习必不可缺。但新编教材只能提供有限的语篇和材料，这对英语学习来说是远远不够的，学生必须在课外进行一定的阅读。高质量的课外英语阅读类图书既是对教材和课堂教学的有效补充，又是对教材使用和课堂学习情况的检测，能够帮助学生提升学习能力。

二、英语语篇阅读素养类图书的出版优化策略

（一）以分级主题的要求整合单元语篇

新课标将义务教育英语课程内容分为三级，兼顾起始年级和区域差异，设置了预备级和"级别＋"。新课标分级对主题内容、语篇类型提出要求。比如，新课标建议三至四年级学习一级内容，要求学习三大主题范畴下 10 个主题群里的 20 个子主题内容。下面以英语语篇阅读素养类图书《读霸》为例，进行说明。

《读霸》的三年级和四年级图书根据一级子主题内容的要求，对 32 个单元主题进行重组和拆分，确保新课标子主题内容全覆盖，并做适当延伸拓展。比如，三年级中增加了"Reading Magic"主题，四个语篇从了解读书活动、探究读书行为、学习读书后如何归纳提炼等角度，对读书这一行为形成认知，促进学生阅读习惯的养成。四年级中增加了"Let's Make Things"主题，选篇有"做薯片""做灯笼""做果汁""烹饪作坊体验"，让学生通过四个不同角度的语篇阅读，探究自己动手、劳动的主题意义，传递劳动育人的价值。

在主题的联结下，《读霸》选编的单元语篇有了明确的语境范畴，能让语篇的学习理解、结构化知识的构建变得轻松有趣。

---

① 王欣.用英文讲述中国故事 寻找中华文化的根[J].基础教育课程,2019(01):21－24.

（二）语篇类型整合语言知识、文化知识和语言技能

新课标指出，"语篇承载表达主题的语言知识和文化知识，为学生提供多样化的文体素材"①。新课标的课程内容要求以蕴含育人价值的主题为纲，以语篇为依托，将语言知识、文化知识、语言技能和学习策略等要素融入内容。②

语篇作为载体，要为核心素养课程提供丰富的语料，有机整合四个要素，并能实现学习理解、应用实践和迁移创新。

《读霸》针对新课标对语篇的融合性要求，重新配置单元主题下的语篇类型；同一单元尽量集中呈现语言知识点；每篇文章配全文朗读，着力于听读写语言技能的综合提升。以《读霸》三年级为例，第 14 单元的主题是"I can do many things"，该单元下选编的四篇文章分别是：一封书信、一篇配图故事、一个甜点食谱、一篇叙事性日记。通过四个类型的语篇阅读，学生会集中感知和理解"can do"和"can't do"的用法。配图故事中体现了借助动物的图片掌握单词的要求；甜点食谱的阅读设计了提取梳理信息、总结归纳的要求；叙事性日记以"I can help ..."为主要句型，主要内容是"help my mom（帮助妈妈）"做家务，为迁移表达"What can you help your mom to do?（你能帮助你的妈妈做些什么?）"做充分准备。

《读霸》出版的策略是提供相同主题语境下大量的、高质量的、不同类型的语篇材料，帮助学生在英语学习过程中系统学习语言知识，锻炼思维品质，最终形成自我建构并迁移运用的能力。《读霸》的优化策略切实体现了"主题＋语篇"且融合语言知识、文化知识、语言技能、学习策略等要素，帮助学生在课外自主学习上找到切实"抓手"，快速提升综合素养。

在新课标下，英语课程将主题探究聚焦于人与自我、社会和自然的统一关系，选择内涵丰富的语篇作为载体，实现英语语言工具性和人文性的统一，达成发展核心素养的目标。在语篇成为课程核心载体的时机下，出版以新课标主题

---

① 中华人民共和国教育部.义务教育英语课程标准(2022 年版)[S].北京:北京师范大学出版社,2022.

② 张勇.素养为本:义务教育英语新课标的时代意涵与实践路径[J].课程教学研究,2022(11):9-16.

要求为纲、多语篇整合的阅读素养类图书,能为新课标在英语教学中的切实落地提供助力,能切实满足新课标背景下英语教学的新需求,能为广大师生提供教学辅助。英语阅读素养类图书的出版策划要与新课标的要求相匹配,必须做好以下两方面的优化:

首先,以贴近学生生活的主题为主线,围绕同一主题,用多样化、多角度的语篇内容,深化主题深度。语篇要形式多样,不限体裁,涉及多元化的社会、文化现象,体现丰富情感。

其次,主题和语篇的选择要符合各学段、级别的要求,让读者在理解语篇文本的基础上,对主题形成自己的观点,并能掌握表达观点的语言。读后各种练习、活动和任务,要以积累语言知识、引发思考为目标,围绕提升思维能力来设计。

随着新课标在英语教学中的深入实施,主题语篇教学将成为一种富有挑战的教学方法。全球化语言环境下的主题阅读类图书能帮助读者切实提高语言能力,增强跨文化交流能力。

参考文献:

[1] 中华人民共和国教育部.义务教育英语课程标准(2022年版)[S].北京:北京师范大学出版社,2022.

[2] 中华人民共和国教育部.义务教育英语课程标准(2011年版)[S].北京:北京师范大学出版社,2011.

[3] 王卉.义务教育英语新课标的"变"与"不变"——兼论语言知识在新课标中的平衡作用[J].四川师范大学学报(社会科学版),2023(01):130-137.

[4] 余文森.从"双基"到三维目标再到核心素养——改革开放40年我国课程教学改革的三个阶段[J].课程·教材·教法,2019(09):40-47.

[5] 王欣.用英文讲述中国故事 寻找中华文化的根[J].基础教育课程,2019(01):21-24.

[6] 张勇.素养为本:义务教育英语新课标的时代意涵与实践路径[J].课程教学研究,2022(11):9-16.

［7］王蔷,蒋京丽.以核心素养为导向构建与英语新课标相适应的新型学业评价［J］.中国考试,2023(01):67－73.

［8］冉利敏.基于新旧课标比较的义务教育英语课程目标发展性分析［J］.教学与管理,2022(25):64－67.

［9］徐晓余.新课标下小学英语阅读教学有效性［J］.文理导航,2023(07):40－42.

将数学文化融入数学教辅图书的策略研究
——以高中新教材、新高考试卷为例

杨花花

[摘要]《普通高中数学课程标准(2017 年版 2020 年修订)》指出,要将数学文化融入课程内容。其中,在"学业水平考试与高考命题建议"中指出,要融入数学文化;在"教材编写建议"中也提出,教材应当把数学文化融入学习内容中,帮助学生开阔数学视野,同时激发学习兴趣和好奇心,培养科学精神。人教版高中数学(A 版)中的"阅读与思考"栏目,素材广泛,内容丰富,很好地凸显了数学文化特色。新高考的数学试卷中也融入了很多数学文化,一度成为教育界讨论的热点。所以,将数学文化融入数学教辅图书的思路与方案具有重要意义。

[关键词] 新课标 新教材 新高考 数学文化 教辅出版

《普通高中数学课程标准(2017 年版 2020 年修订)》(以下简称《课程标准》)中具体说明了数学文化的含义:"数学文化是指数学的思想、精神、语言、方法、观点,以及它们的形成和发展;还包括数学在人类生活、科学技术、社会发展中的贡献和意义,以及与数学相关的人文活动。"《课程标准》指出,要将数学文化融入课程内容,融入教材,融入学业水平考试和高考。2019 年秋季,各个版本的新教材陆续出版并开始使用。2020 年,新高考全国卷开始使用。新教材和新高考的特色是什么? 它们是从哪些方面融合数学文化的? 高中数学各类考试的命题趋势是什么? 在新的命题趋势下,教辅图书应该做出怎样的改变? 如何帮助学生学习数学文化,提升核心素养? 本文将对此做出分析,并给出相应的建议。

一、新教材中数学文化的体现

（一）教材引言融入数学文化

新教材的引言从数学文化讲起。比如，人教版高中数学（A版）必修第一册第四章"指数函数与对数函数"的引言中加入对良渚遗址的介绍，并引出考古学家在测定遗址年代时需要用到指数函数；选择性必修第三册第六章"计数原理"的引言中提出汽车号牌序号的排列原理。

（二）题目背景融入数学文化

教材中很多例题是从生活实例引入的。还有应用类课程内容的设计，比如函数的应用、三角函数的应用、向量的应用等，都以人类生活、科技发展、人文艺术、数学史等多方面内容作为题目背景，将生活问题抽象成数学问题，建立模型，然后再进行求解。

与原教材相比，新教材每一讲的练习中都增加了"拓广探索"的部分，这一部分注重拓展学生的知识面，对学生深入思考的要求较高。比如，在阐述"集合"概念时，引入康托尔的集合论，让学生查阅相关资料撰写小报告，说明自己对希尔伯特、罗素相关评价的认识。

（三）"阅读与思考"融入数学文化

"阅读与思考"直接提供材料给学生阅读，要求学生读后思考，或者回答问题。比如，阅读"函数概念的发展历程"后，让学生谈谈从初中到高中学习函数概念的体会；阅读"中外历史上的方程求解"后，引导学生继续查阅相关资料进行深度学习。

（四）"文献阅读与数学写作"融入数学文化

这是新教材的特色板块，要求学生根据相关的主题，查阅资料和文献，写小论文，为将来做研究打下基础。比如，阅读"微积分的创立与发展"后，让学生查阅相关文献，写一份研究报告或一篇数学小论文。

二、新高考中数学文化命题分析

（一）2020—2022年高考中数学文化命题列举

年份	卷型与题号	题型	文化背景	考查知识点
2020	全国Ⅰ卷文理3 全国Ⅱ卷文3 全国Ⅱ卷理4 全国Ⅲ卷文理4 新高考Ⅰ卷4 北京卷10	选择题 选择题 选择题 选择题 选择题 选择题	胡夫金字塔 钢琴琴键 北京天坛的圜丘坛 流行病模型 日晷 阿尔·卡西求 π	正四棱锥 新定义题 等差数列 对数函数 球的相关计算 π 的近似值计算
2021	全国甲卷8 全国乙卷9 新高考Ⅰ卷16 浙江卷11	选择题 选择题 填空题 选择题	珠穆朗玛峰 《海岛算经》 剪纸艺术 赵爽弦图	三角 相似比 数列 图形的面积
2022	新高考Ⅰ卷4 新高考Ⅱ卷3 全国甲卷理8 全国甲卷文2 全国乙卷理4 全国乙卷19 北京卷7	选择题 选择题 选择题 选择题 选择题 解答题 选择题	南水北调 建筑举架结构 会圆术 垃圾分类 嫦娥二号 生态环境 冬奥会"冰丝带"	台体计算 数列与解析几何 计算弧长 统计 数列 统计 对数函数

（二）数学文化命题方向分析

1. 以传统文化为背景命题

让学生学习和领略中华民族的数学研究成果,培育数学核心素养,传承民族精神,增强文化自信,树立民族自豪感,对学生爱国主义精神的培养具有积极作用。

2. 以科学技术为背景命题

"科学技术是第一生产力",发展科学技术要以扎实的学科知识为基础。让学生在学习和考试中体会科学技术的魅力，可以开阔学生的数学视野，激发学生的好奇心，培养学生的科学精神。

3. 以社会经济为背景命题

理解我国的社会经济发展、人民生活需求以及生产生活实际也是非常重要的，在数学中融入这些知识，能让学生从数据的角度认识国家的经济发展。

4. 以社会热点为背景命题

比如，2020 年的流行病模型、2022 年的冬奥会"冰丝带"都是当年的社会热点。所以，要关注社会热点问题。

三、数学文化的学习具有重要意义

通过对新课标和新教材的学习，以及对 2020—2022 年高考命题方向的分析，我们知道数学文化的学习非常重要，这也是未来高考命题的亮点和趋势。

数学文化的学习，可以激发学生的学习兴趣。在一些学生眼里，数学是抽象的、枯燥的甚至是望而生畏的，如果学生从数学文化入手去学习，则可以在一定程度上增强数学学习的趣味性，从而提升学习的兴趣。

数学文化的学习，可以促进学生核心素养的全面发展。要引导学生感悟和体会数学的文化价值、社会价值、美学价值、应用价值，从而树立文化自信，提升数学核心素养。

只有将数学文化、数学题目以及学科核心素养有机融合在一起，才能真正让学生学会"用数学的眼光观察世界，用数学的思维思考世界，用数学的语言描述世界"。通过了解数学发展的历史、数学在生产生活中的应用、数学在科技发展中的作用，让学生把握数学本质，从而真正爱上数学，这是非常重要的。

因此，在新课标、新教材和新高考的指引下，作为课外拓展的教辅图书也需要做出改变，以满足学生的需要和适应市场的变化。

四、高中数学教辅图书如何与数学文化有机融合

（一）认真研读教材，让知识点链接数学文化

新教材中，有些章节的知识有深刻的数学文化背景，比如前文提到的人教

版高中数学(A 版)必修第一册第四章"指数函数与对数函数"的引言中加入对良渚遗址的介绍,并引出考古学家在测定遗址年代时需要用到指数函数。限于篇幅,教材不可能对每一个章节都做文化方面的引入,也不可能做比较广泛的拓展。针对这一问题,教辅图书可以在教材的基础上做深度拓展,让学生更加全面地了解数学概念、公式、性质的起源与发展,应用及意义,甚至包括数学家的故事。

比如上海教育出版社出版的"普通高中学科核心素养"系列图书,与人教版高中数学(A 版)目录同步,讲解数学发展史、数学在各个领域的应用以及数学小故事等,从历史性、应用性、人文性等多方面让学生认识数学、理解数学、学会数学,从而培养学生的数学核心素养。

(二) 分析命题趋势,让题目背景链接数学文化

《课程标准》指出,"选择合适的问题情境是考查数学学科核心素养的重要载体",所以情景设计是高考命题的趋势之一。在教辅图书中,要适当设计一些具有文化背景的题目,让学生练在平时,这样才能保证考时不慌。

试题中融入数学文化,可以让学生在求解题目的时候了解数学的发展历程,了解题目背后的数学文化,体会文化价值。比如,选用一些相关的数学名题,让学生在学会解答名题的同时体会其中的数学思想,感受数学的博大精深。

(三) 数学建模,以实际应用链接数学文化

数学建模是利用数学的语言和方法,刻画并解决实际问题的过程。数学建模能够让学生体会数学文化在应用方面的价值。新教材中也有数学建模的章节,但是由于篇幅有限,因此不可能对每一个章节的知识都做模型分析。针对这个问题,教辅图书可以拓展教材内容,做数学模型分析,帮助学生深刻理解数学的应用性。

(四) 数学阅读,以教辅链接数学文化

在新教材的"阅读与思考""文献阅读与数学写作"中,很多都是需要学生通过查阅资料、分析、研究、撰写报告和论文完成的。所以,学生有学习课外知识的需求。为此,我们可以为学生和教师提供这样的图书:以数学发展史为主题

的图书,比如《集合论的发展》《三角函数的发展》《数系扩充的发展》等;以数学应用为主题的图书,比如《函数与乐器》《建筑中的几何》等;以数学故事和数学家为主题的图书,比如《数学家华罗庚》《数学王子高斯》等;从教材中的题目延伸出世界命题的图书,比如《斐波那契数列》等。总之,可以根据新教材的"阅读与思考""文献阅读与数学写作"提出的方向,策划更多的延伸阅读图书。

（五）以科技赋能,多方位链接数学文化

目前市场上很多教辅图书有配套的课程讲解视频、题目讲解视频,但是配套的文化类、融合类视频比较少,所以可以尝试做一些这样的视频。

目前 AIGC（AI Generated Content,即人工智能生成内容）的应用已经非常广泛,涵盖了文本、音频、图像和视频的生成,利用该技术做抽象数学知识的理解、数学模型的模拟等方面的视频是一个不错的方向。

五、小结

在数学教育中融入数学文化,能够让学生感悟和体会数学的社会价值、美学价值、应用价值,激发学生学习数学的兴趣,帮助学生更好地掌握数学的本质,这对于学生的综合发展非常有利。研究新课标、新教材,分析 2020—2022年高考试卷可知,融合数学文化,提升学生核心素养是必然的趋势。所以,我们出版的教辅图书要能帮助学生全面地、便利地深化对数学文化的认识和理解。

参考文献:

[1] 中华人民共和国教育部.普通高中数学课程标准(2017 年版 2020 年修订)[S].北京:人民教育出版社,2020.

[2] 邵光华,张妍.人教 A 版高中数学新教材特色分析及使用建议[J].课程·教材·教法,2019(12):109 - 114.

[3] 巨小鹏.近五年高考数学文化命题的特点与启示[J].数理化解题研究,2022(06):50 - 54.

[4] 教育部教育考试院.创设情境 发挥育人作用 深化基础 考查核心素养——2022 年高考数学全国卷试题评析[J].中国考试,2022(07):14 - 19.

［5］杨正朝,吴京霖,王宽明.高考数学文化类试题评析——以 2020—2022 年高考数学全国卷为例［J］.辽宁师专学报(自然科学版),2022(04):11－17.

［6］覃淋,喻晓婷,张静.融入数学文化 考查核心素养——以 2018—2020 年高考数学全国卷为例［J］.数学教学通讯,2022(03):10－13.

［7］邱梦鸾.核心素养背景下高中数学文化融入教学的研究［J］.天天爱科学(教学研究),2022(12):173－175.

浅析中学化学图书编辑加工

李玉婷

[摘要] 编辑加工是出版过程中必不可少的重要环节。本文从政治性、科学性、文字与符号等方面阐述认真做好化学类书稿编辑加工的重要性。根据中学化学类书稿自身的独特性，归纳了其中易混淆的概念、文字和符号等，并阐述了化学图、表的编辑加工注意点。

[关键词] 图书编辑　中小学教材教辅　化学图书

中学化学类书稿常见的有中学化学教材、教辅、科普类读物、化学学科教研图书等。本文聚焦于中学化学教材、教辅两类图书的编辑出版。这类图书的作者有高校化学学科教授、学科教育专家，也有教研员、一线教师等；读者主要为中学生、中学化学教师。

中学化学教材和教辅，是学生学习化学基础知识，初步形成化学学科理解和自然科学认知的重要依据。这两类图书的发行量往往非常大，因此教材和教辅编辑工作可能影响到众多学生。对编辑而言，出版教材和教辅是非常重要而有意义的工作。

图书作者的水平和书稿质量是决定图书质量的基础，编辑则经过审读、润饰和整理，进一步完善书稿。即使作者是化学学科专家、化学教育专家，在编写稿件过程中也难免出现疏漏。因此，编辑必须本着为广大读者负责的严肃态度，认真加工稿件。

一、政治性把关

化学科学的理论和应用在制药业、材料科学、食品科学、能源科学、环境保护等诸多方面都有重要作用,进而对经济和政治产生多方面影响。比如,乙烯产量被认为是衡量一个国家石油化工发展水平的标志,硫酸的年产量往往被用来衡量一个国家的化工生产能力。

中学化学教材或教辅中可能涉及某些与社会、政治、军事、宗教等相关的话题,如工业发展水平、环境污染和治理情况、能源开发等。作者在选用这类主题素材时,可能因考虑不周而在稿件中错误选用信息,或因语言组织不当而引起歧义。比如,作者常常会选一些与化学有关的恶性新闻事件作为素材。对于初学化学学科的学生来说,书稿最好选择可以帮助他们认识化学学科在科学发展、社会进步等方面重要作用的题材。例如,讲到农药、化肥时,很多作者选择的是关于农药、化肥滥用导致环境问题的题材。但我们应看到合理使用农药、化肥给人类带来的益处:农药和化肥使粮食产量大幅提高,有助于解决吃饭问题;合理使用化肥,可以改善土壤酸碱度,补充土壤中缺失的养分,使土壤更适合于耕种;等等。

学术探讨无禁区,图书出版有纪律,在编辑面向学生的化学图书过程中,须特别留意相关信息的选择和表述方式。

二、确保内容的科学性

化学学科编辑除了需要有扎实的文字功底之外,也要有较高的学科专业水平。编辑要努力确保书稿内容逻辑清晰,化学表达准确,无科学性错误。

(一)及时更新概念表述

编辑需要及时了解和把握化学学科中各种概念界定的更新。由于新的表述方式已经出现,而有些年长的作者还习惯用原来的表述方式,这就需要编辑敏锐地发现并进行修改和统一。如原来常说的"原子量""分子量"现已改成"相对原子质量""相对分子质量","摩尔质量"现表述为"物质的量质量"。再如"催化剂"的概念,曾经被定义为"在化学反应里能改变反应物化学反应速率,而反应前后都没有发生变化的物质",这里的"改变"曾经被认为包含提高或降低两种情况,而后来的"催化剂"定义是:"在化学反应中能增大化学反应速率,但本身的质量和化学性质在反应前后都没有发生变化的物质"。近几年,在中学实验室,不再使用石棉网,而使用陶土网,初高中化学教材中也已经将石棉网都替换成陶土网。化学编辑需要及时、准确地了解这些变化。

2018年11月召开的国际计量大会(CGPM),对摩尔进行了重新定义。摩尔,符号mol,是物质的量的基本单位,1摩尔精确包含$6.02214076×10^{23}$个基本单元。此新定义与原定义并不矛盾,但说明摩尔不再依赖于质量单位而独立存在。

（二）规范使用书面用语

不少作者在书面语中混入一些习惯性口语表达,从而产生科学性问题,编辑要注意修改。比如,"Mg^{2+}离子","Mg^{2+}"本身就表示镁离子,再加"离子"两字,就重复了。再如,"盐酸"和"HCl"是有差别的,盐酸是HCl的水溶液,在实验过程中说加入盐酸,严格来说不能写成"加入HCl"。但是,课堂教学中教师常常口头说的是"加入盐酸",写板书时为了便捷,往往写成"加入HCl",在出版物中这样写则不够严谨。

（三）精准把握化学知识呈现度

在学生的学习过程中,很多概念是随着学习的不断深入而有所变化的。如酸碱理论,在不同的学习阶段,学生需要不同程度地掌握酸碱概念。科学家认识酸和碱的过程也是逐步变化的。在小学阶段,学生要学会根据溶液是否有酸味来判断酸;在初中阶段,学生要学会根据水溶液中是否有氢离子或氢氧根离子来判断酸碱;此后进一步学习酸碱溶剂理论、酸碱质子理论、酸碱电子理论等。在编辑加工时,编辑要根据读者对象和图书性质,对内容匹配度进行考量。

再如,金属元素及其化合物的性质是化学学习的重要内容,从初中一直到大学,学生对金属性质相关知识的认识由浅入深地发展。在中学阶段,主要让学生掌握金属活动性,老师们也会提到金属性。金属活动性顺序,最初是化学家根据金属间的置换反应、金属与水和酸反应现象总结所得的规律,而金属性是指元素的原子失去电子变为阳离子倾向的难易。

从理论上说,金属活动性顺序是热力学问题,其强弱由金属在水溶液中形成低价水和离子的标准电极电势大小来定量衡量。但细究其中的Li、Na、K、

Sn、Pb 等物质的活动性，可以知道，初中时学生掌握的金属活动性还考虑了反应速率情况，常说"金属与酸反应时，反应越剧烈，金属的活动性越强"，而这里的反应速率，又是从动力学角度来考虑问题的。初中所讲金属活动性本身就是一个阶段性的认识，随着学生对热力学、动力学的逐渐深入理解，其表述也会有所变化。在初中书稿中，对这些内容也不必过于深究。编辑在加工稿件时，需要根据读者对象确定当前表述是否合理可用，不可能对九年级学生讲热力学、动力学，也不能对高等教育阶段的学生还沿用初中的说法。

"金属性"与"金属活动性"，两字之差，含义完全不一样，编辑加工时需要注意甄别作者想要表达的是哪一个概念。

这类在学习的不同阶段概念有不同表述的情况，需要编辑多加注意。

（四）发现隐匿的科学性问题

编辑对文字中的内容要有一定的敏感性。如某稿件中有这样一句话："原子的质量主要集中在原子核上，这个核的直径却仅为 10^{-14} m 左右。假定原子被大大地放大成一个直径为数百米的足球场，原子核就是足球场中央的一个乒乓球。"作者打这样一个比方，来说明原子核在原子内所占位置极小。但既然有了数据，编辑就必须核算一下。经计算，其比例是有问题的，如果原子核如乒乓球一样大小，那么原子尺寸要比足球场大很多。因此，这个类比是不合适的。

三、规范化学语言的使用

（一）常见的误用字

化学书稿中有不少常见易错的同音字，在不同情况下要选用不同的文字。这里试举几例：各类物质的"蒸气"，"蒸汽"用于水的蒸气，如"蒸汽锤""蒸汽机""蒸汽浴"都是指与水蒸气相关的操作或物品，其余物质都用"气"，如"某蒸气"；"磷"和"膦"，"磷"是核电荷数为 15 的元素的名称，在常见单质、无机物名称中都用"磷"，而"膦"是磷化氢（PH_3）的氢原子部分或全部被烃基取代而形成的有机化合物的总称；"碳"和"炭"，"碳"用于微观粒子，"炭"用于宏观物质，如"碳原子""二氧化碳""木炭"，碳酸氢铵俗称"碳铵"；"溶""融""熔"三字，"溶解于水"

"熔融状态""溶解度""熔点";"氨""铵""胺"三字,表示单质或原子种类用"氨",如"氨气(NH_3)",表示无机盐用"铵",如"碳酸氢铵(NH_4HCO_3)",表示氨分子中部分或全部氢原子被烃基取代而成的有机化合物用"胺",如"乙二胺四乙酸(EDTA)"。常见误用字还有:硫黄(磺)、石英砂(沙)、混合(和)、蘸(粘)取溶液、配制(置)溶液等(括号内为误用字)。对以上情况,编辑都需要注意甄别。

(二) 正确书写化学式

化学式是国际通用的化学语言,只要是学了化学,即使不看论述的文字,看到化学式和化学方程式也能知道作者要表达的"主角"是谁。在化学式中,字母相同,而大小写和下标不同,所表达的就是完全不同的物质,如 CO、CO_2、Co,因书写过于相似而偶尔发现作者在书稿中用混。因排版问题,HCl 或 $AlCl_3$ 的字母 l 有时候会录入成数字 1。再如,高锰酸钾($KMnO_4$)和锰酸钾(K_2MnO_4)只有 K 的下标数字不同,也是经常容易误写的化学式。

在有机化合物结构式中,单键、双键、三键都是与一字线"—"等长的横线,作者在使用办公软件书写时,容易用减号"-"、等号"="和恒等号"≡",在书稿中要标注并提醒排版人员重新绘制结构式。

(三) 正确书写化学方程式

书写化学方程式时需注意以下几个问题:一是避免化学式错误,如下标缺失或错误,如 $NaCO_3$ 这样缺了下标的笔误是比较常见的;二是核对是否配平,有时候四五个反应物和生成物,看起来反应物或生成物前面有数字,好像是配平了,但有时候可能其中一个物质前的数字缺失或是有误;三是检查是否漏写气体符号或沉淀符号;四是检查反应条件是否漏写或错写。

(四) 化学书稿中的正斜体

化学表达语言中,化学式都是用正体;一般来说,变量用斜体,常量用正体,单位用正体。现在大部分作者的书稿都是用 Word 编写,常用公式编辑器来录入量的单位,这样,公式中的单位常呈现为斜体,需要一一标注为正体。而在行文中,物理量则常误写为正体,如"参与反应的氯化钙质量为 m g……",这里的 m 就应为斜体。值得注意的是,pH 中,p 为小写正体,H 为大写正体,且没有

"值"这个字。轨道杂化 sp、sp^2、sp^3 中，s 和 p 都是正体。

四、完善图和表的绘制

化学离不开实验。在化学书中，化学仪器图是最为常见和必需的部分，另一种常见图是物质结构。作者提供的大多数图，其绘制标准、像素等往往不符合出版要求，一般化学类图书中的线条图都需要重新绘制。编辑在处理图片时，常需要注意以下几点。

（一）规范化学实验器材绘制

在绘制具体仪器时，一要注意线条粗细统一；二要注意立体图或平面图的统一，如有的装置图，在同一张图里酒精灯是立体的，烧杯却是平面的，必须统一；三要确保仪器上刻度标注位置正确和标注方式的科学性。

在绘制多器材搭建的实验装置图时，第一，需要注意各实验器材的规格比例，如用到的烧杯、试管、酒精灯的比例，根据对应文字表述的实验需求，画出相应规格的化学仪器（是 100 mL 的烧杯还是 250 mL 的烧杯，对应大试管还是小试管等），避免尺寸失调。比如，有些图装置比较长，最左的反应装置画得很大，中间洗气瓶略小一点，画到后面感觉空间不够了，画上一个小小的收集装置，比例严重失衡。第二，对于四色或双色的图书，要特别注意仪器中装配液体或固体的颜色。第三，图上标注的文字要精准、简洁。另外，还要注意将图中所搭配的文字与实验仪器图片分层保存，因排版需要，有时将略调整图片大小，而图中所配文字的字号则另有规定，避免随图片大小改变而改变。

（二）用图描述化学反应状态

注意所绘制的化学实验图片对应的是反应前、反应进行时还是反应后的仪器状态，注意化学实验图中药品所画的位置和状态。如简易启普发生器，反应进行时，长颈漏斗中应该没有液体；对于有气体生成的反应，如果是用排水集气法，需要在产物处画上气泡；反应装置连接处有止水夹的，要确认止水夹的位置；确认酒精灯是处于熄灭状态还是处于加热状态。

（三）确保图文一致

作者写作时，常反复修改文字内容，有时文字改动了，图片可能漏改。编辑加工时,需注意根据文字内容核对图片内容,在发现图文不一致时做相应修改。

（四）原子或分子结构图的科学性

结构图中常见问题有:在有机分子结构图中,双键、三键误画成单键;在立体图中,键角不正确。

（五）函数图和表格

如溶解度、反应速率等,常用函数图来表示,需要对横纵坐标、单位以及对应数据进行核对。

化学书中的表格一般不是很多,除核对表中数据之外,要注意全书规范化处理,表题、表头等要素的表示方式全书要统一,对所缺要素进行补全。表中的物理量表示方式要与正文一致。

一名合格的化学学科编辑,要在编辑实践中不断地摸索、积累,总结出一套行之有效的编辑方法;要坚持学习化学专业知识、编辑标准规范以及相关学科知识,拓宽自己的视野和认知范围。

参考文献:

[1] 中国标准出版社.作者编辑常用标准及规范[M].4版.北京:中国标准出版社,2019.

[2] 蔡鸿程.编辑作者实用手册[M].北京:中国标准出版社,2009.

[3] 汪继祥.科学出版社作者编辑手册[M].北京:科学出版社,2004.

[4] 杜秀杰,赵大良.学术论文语言表达范式分析[J].编辑学报,2018(03):260－263.

[5] 宋天佑,程鹏,徐家宁,等.无机化学[M].4版.北京:高等教育出版社,2019.

字间留痕

编辑之悟

宝剑锋从磨砺出,梅花香自苦寒来。编辑工作琐碎而繁复,充满了酸甜苦辣。思索半天,终于修改好了一段令人满意的文稿;寻觅多日,终得一个图书营销的好创意;忙碌经年,一本心仪的样书终于摆到了自己的桌子上;求索数载,似乎找到了一些做编辑的门道……我们编辑的这些所感、所思和所想,不单单是个人情感的记录,亦是为其他编辑提供的一种启迪。

思考的乐趣是无可替代的

周典富

[摘要] 小文基于日常出版工作,结合当前出版工作新形势和新要求,对个人以往工作和未来发展进行了浅显的思考,希冀以此为起点,不断丰富出版实践,提炼出版理论,在出版领域取得新的进步和成绩。

[关键词] 出版实践　　出版理论　　未来出版规划

编辑有很多种,按职能来分的话,有策划编辑、文字编辑、营销编辑、美术编辑、数字出版编辑等。前不久看到一则新闻,其中提到,在 AI 时代,文字编辑这类与文字生成和修改高度相关的职业,被替代的工作内容也超过了 75％。也正因此,在被 AI 替代的行业里面,文字编辑排到了第 18 位,而美术编辑则排到了第 8 位。这无疑让人心生恐慌和焦虑,同时也唤起人们的原生内动力,为了生存和发展,不断提高自己的能力,适应新的环境和要求。作为一个从事编辑工作十年的"老人",也有焦虑和恐慌,开始思考如何应对新的工作要求和内容。虽然焦虑是痛苦的,但思考的乐趣是无可替代的。近来就有三个特别明显的感受,不吐不快:一个是时不我待,一个是学无止境,一个是有所作为。

说到时不我待,回想近几年,工作零零碎碎、断断续续,原本早应完成或开展的工作,都因不可控因素而受到了影响,待一切如常后又加紧赶工,想着把流失的时间抢回来。有一段时间,身上有股使不完的劲儿,工作到晚上十一二点已成为常态,仿佛回到了挑灯夜战的学生时代。再加上临近不惑之年,想到人生一世,白驹过隙,这种时不我待的紧迫感就更加强烈起来。与此同时,我也意识到,这种工作状态并不具有可持续性。为此,我学会了"弹钢琴",即如何分配时间,如何高效利用时间,把各项工作分清主次先后,一一解决,无形中让自己的工作更有计划性、更有条理性。比如在加工稿件的时候，特别是好几部稿件同时压在手上时，就要进行错峰工作，确保各类稿件能够有序走完相关流程，从而得以顺利出版。这样就做到了在有限的时间里高效地工作。

正是由于这第一种感觉如此强烈，我认识到以前的积累已经无法完全匹配当前的工作，继续学习成了当务之急。特别是各家出版社在园区集结之后，每天都能与优秀的人擦肩而过。这也督促着自己查找自身的不足，向先进看齐，学习他们的做法，争取早日赶上他们的水平。以前读书的时候，导师说过"五年成小家，十年成大家"，出版界则有"三年出师"的讲法。两者虽年限不一，但总的来说还是要有所积累才能有所成就。这个认识大抵是不会错的。话说回来，做出版有感觉，也就是入门，好像是最近几年才有的一种状态。这让我想起了刚踏入这个行业的时候，一位"老法师"对我说过的，他现在晚上看电视，就能想到一批选题，然后一至九年级这样安排下去，就可以了。我想这种状态已是登峰造极，炉火纯青了，自己距离这种状态还有很长的路要走。正是在这样的认识下，我开始有意识地关注两个问题，一个是当前自己的出版实践有哪些经验和教训值得总结归纳，另一个是出版在今后的发展可能。围绕这两个问题，我开始浏览兄弟出版社的出书情况，结合自己的工作经历，做了一些思考，比如根据编辑的图书，思考如何策划选题，如何打磨内容，如何宣传图书，如何与作者沟通联系等。又比如阅读业界前辈、同龄人的论著或文章，了解他们的从业经历，学习他们的先进做法；关注社里业务开展情况，向身边优秀的同事学习好的经验和做法；思考学术出版未来发展的可能；等等。不可否认的是，由于经历得不够多，这些思考和认识总体上还是比较稚嫩和片面的，不过作为阶段性的总结，记录编辑生涯成长的点滴，我也是敝帚自珍。同时，这也为今后继续学习找准了发力点，也算是做到了事半功倍吧。

在找到问题、寻求解决办法后，自然想做出一点成绩，比如围绕传统文化打造能够传世的精品，若干年以后，它还在重印或被读者提起；比如围绕语言文字策划代表学术研究前沿成果的选题，及时把最新的研究成果推送给需要的读者；比如策划一些学术桥梁书，为那些对"高精特新"的学术研究感兴趣的青年朋友提供一个台阶；比如挖掘一些有潜力的新作者，和他们共同成长，快乐着他们的快乐,幸福着他们的幸福。同时,还有一点奢侈的想法,就是希望通过在不断丰富的出版实践中,总结一些好的经验、好的做法,对今后的工作或者别人的工作有所帮助。当然,有时候也会有努力无果或突发不可控的情况,这是人生的常态吧。在这种时候,需要相对沉稳的心态,努力做到"不以物喜、不以己悲",从而在工作中泰然处之。也许,这是人生在出版中的缩影吧。

人生如戏,确实如此。我们遇到一个个的选题就是遇到一个个的作者,在某一个特定的时间里与他或她,从陌生到熟悉,再到知心、交心的朋友。在这个过程中,不管是主角,还是配角,或是群众演员,都要不断认识、发现自己,调整、完善自己,从而努力成为自己想要的样子。

拉拉杂杂地说了这些感受,笔者还是想说,不管在人生的哪一个阶段、哪一个岗位,都要好好学习、天天向上,不负有趣的人生。今年适值上教社成立 65 周年,印象里 60 周年似乎还没过去几天,时间过得可真快啊!"铁打的营盘流水的兵""书比人长寿"……诸如此类的话语,告诉我们做好一本书、经营好一个品牌,是多么重要,而在这个过程中,人作为参与者、见证者,又起着决定性的作用。我们不妨说,经营好一本书、一个品牌,也是在经营好一个人。做人就是做书,做书就是做人。

躺平 or 内卷？

——现代性危机下编辑何为

刘美文

[摘要] "躺平""内卷"是近几年流行的网络热词。"躺平"意指一种"低欲望""低姿态""不作为""不反抗""不努力"的生活态度。"内卷"则指个人为达成目标与自我和他人进行的激烈竞争。① 这两种代表当下普遍性社会焦虑的表达，引发了广泛的情绪共鸣。在编辑行业，亦出现了"躺平""内卷"相对立的职场现象。本文试图针对此现状，阐释造成"躺平""内卷"现象的现代性危机，分析由此导致编辑职业压力的成因，并探讨编辑改变认知，超越危机，积极作为，走出职场生存无力、焦虑困境的策略与路径。

[关键词] 躺平　内卷　现代性危机　编辑职业压力　新时代编辑

步入新时代，人民群众的精神文化需求日益增加，更趋多元，但精神文化产品的发展却陷入供给与需求严重不对称的困境，呈现出内容良莠不齐、精品力作缺乏、个性需求难以满足等种种现状。作为肩负着社会公共精神文化产品产出与提供职责的现代出版业，更是面临技术变革冲击、读者习惯改变、结构矛盾爆发、生态格局解构的巨大危机与挑战。在这巨大危机和不确定性面前，承担着出版中心工作的编辑人员首当其冲，成为风口浪尖攻坚克难的"排头兵"。

面临这一时代课题，编辑必须认清危机成因，改变自我认知，积极努力作为，把危机转化为创造新价值、带来新成长的机遇，以宽广前瞻的宏大视野、勇毅坚定的责任担当、守正创新的务实行动，不断修炼和提升，使自己成为脑中有

---

① 裴越.论"内卷"与"躺平"的生存焦虑[J].鲁东大学学报(哲学社会科学版),2022,39(01):65-70.

思想、心中有方向、脚下有力量的新时代编辑，以出版力量为推进社会主义文化强国建设做出贡献。

一、现代性危机下编辑躺平、内卷的普遍现状

随着新冠疫情紧急状态的结束，悬浮的状态终于尘埃落定，人们在回归日常的庆幸中也因对未来无法预测的不确定性、对危机随时到来的不安全感而产生了深深的焦虑。腾讯研究院副院长王健飞在《互联网与中国后现代性呓语》一文中指出，我们现在面临的唯一真正的危机，是一种现代性危机。许多热搜都有现代性危机的典型影子。他具体描摹了现代性危机状态的表现：其一是躺平，2021年开年，中国的年轻人开始"躺平"成为最大的热点，随之又成了一个不可讨论的问题；其二是直播带货的频繁"翻车"；其三是在短视频时代，"抽象网红"崛起和"封建文化"复辟两种文化现象让人感到困惑且不适；其四是内卷，与躺平本身构成了时代上的对立，一边似乎有那么一部分人成功躺平了，而另一边似乎有更多人卷得不可开交。①

曹培培、赵玉山在《编辑职业压力：现状、来源与调适建议》一文中指出，目前编辑普遍感受到相对强烈的压力源。在外部环境与行业转型、技术变革、政策调整、效益指标等多种因素作用下，编辑普遍感觉力不从心，焦虑感严重，职业压力过大。更有不少编辑出现焦躁情绪、轻度抑郁、厌世和厌食倾向。② 因此，"躺平""内卷"也成了出版行业的流行词。身处时代浪潮中的编辑面临着与之切身相关的现代性危机。因理想主义情怀受挫、工作模式方法滞后、自身能力信心不足等诸多原因，一部分编辑表现出不思进取、不做改变、随波逐流，只顾眼前案头审校，纯粹接受来稿指派的躺平现象。另一部分编辑则不满足现状，走出舒适区，不断挑战自己，甚至在"双效"和流量、转化率的多重考核压力推动下奉行军事化管理要求，长期保持加班状态，还"赶鸭子上架"，尝试在各类直播平台推书售书，呈现宁可累死自己也要卷死他人的高度内卷状态。

此等现状下，作为文化强国生力军的编辑，如何打开视野，拓宽格局，以坚

<hr/>

① 王健飞.互联网与中国后现代性呓语[M]//张立宪.读库202204.北京:新星出版社,2022:1-3.
② 曹培培,赵玉山.编辑职业压力:现状、来源与调适建议[J].出版科学,2022(06):32-41.

实的行动克服时代带来的现代性危机,走出"忙、盲、茫"的普遍困境,重新焕发出应有的生机和活力? 笔者结合多年从事编辑工作的实践与思考,以做脑中有思想、心中有方向、脚下有力量的新时代编辑为目标,给出了自己的解答。

二、现代性危机下编辑之可为

(一) 编辑可为之一:关注大局,保持生长

梁启超说:"人者固非可孤立生存于世界也。"编辑所从事的正是给人以精神的粮食,授人以心的锁匙的伟大事业,应是时代的"先驱者"。[①] 近现代许多文化名人,如张元济、鲁迅、叶圣陶、巴金等,都曾经做过投身时代洪流、站在时代前沿的编书匠。新时代的编辑更需要义无反顾地积极投身于时代洪流之中,以"苟日新,日日新,又日新"的姿态保持对世界的好奇,站在时代和知识信息的前沿,了解时事,关注大局,保持生长。唯有如此,编辑自身的智识见解、眼光水准才能紧跟时代的变化发展,所策划的图书产品才能与时俱进,满足读者日新月异的知识信息需求。

然而,真理永无止境,信息茫茫无界,真正优秀的编辑既是通晓知识信息的杂家,又是广交各界人士的社会活动家,还是术业有专攻的专业领域专家。编辑要以敏锐独到的眼光、准确无误的判断,筛选、提炼、整合真正有价值和有意义的知识信息,从中挖掘出新的选题,这需要有长期的积累和思考。

以教育出版为例,首先,编辑必须关注和了解教育领域的当前发展和未来走向。"后疫情时代全球教育转型"、《建设高质量教育体系——"十四五"时期促进人的全面发展》、"双减"、"双新"(新课标与新教材)、《中小学生课外读物进校园管理办法》、《在教育"双减"中做好科学教育加法》、《全国青少年学生读书行动实施方案》……对这些教育领域的重大政策信息,编辑都需要高度关注,解读政策,解析其与自身工作的关联。笔者多年来保持每日阅读"微言教育""中国教育报""第一教育""蒲公英教育智库""教育思想网""中国教育三十人论坛"

---

① 商金林."编辑"应是时代的"先驱者"——纪念叶圣陶从事编辑出版工作 90 周年[N].中华读书报,2013 - 09 - 11(03).

等十多个教育类微信公众号的习惯，就是以积累提升对政策和领域发展的敏感性。

其次，编辑还必须关注和了解所在出版行业和教育出版"赛道"的动向与现状。三年疫情、图书定价上调、长年低价打折、销售渠道多主体化、大众消费习惯改变、规模增降的品类差异等行业的现状与动态，都是编辑需要熟知并掌握的关键信息。编辑可以通过对"北京开卷""中国出版传媒商报""中国编辑""出版科学""木铎书声"等专业媒体及其微信公众号的阅读来了解积累，以此指导自身的编辑工作，提升编辑专业素养和能力。

（二）编辑可为之二：主动选择，价值确认

现代性危机源于因精神内耗、价值虚无而导致的人类精神家园风雨飘零，编辑作为传播文化、传承文明的使者，最大的价值就是对人类精神家园的关照与关怀。叶圣陶先生强调"编辑工作就是教育工作"，编辑和教师一样都是思想文化园地辛勤劳作的园丁，是人类灵魂的工程师。[①] 因此，编辑的价值选择于自身、于他人都至关重要。

1. 选择成为什么样的人

从事编辑工作，可能起始时有主动传承文化、传承文明的理想，有被动进行职业选择的因缘，但都必须从被动到主动，思考"选择成为什么样的人"这一重大人生命题。越早思考这个问题，就能越早坚定正确的人生航向，心灵越早澄明透亮，心脑越一致，手脚越有方向和力量。"仁义礼智信"的儒家"五常"是身为中国人最核心的价值观，其最高境界是"厚德载物，内圣外王"，以此为标杆，"取法乎上，仅得乎中"，哪怕是得乎其下，也可得到自我的价值确认。尤其是编辑工作是一份"为他人作嫁衣裳"的职业，只有充分认识到"他人也给编辑作嫁衣裳"，尽早确立与人为善、以人为本、利他利己、成人达己的为人准则，方可在工作中不纠结、不计较，坦然、释然、欣然地锚定自己的人生信念，收获真正的职业成就感。

---

① 商金林."编辑"应是时代的"先驱者"——纪念叶圣陶从事编辑出版工作90周年[N].中华读书报，2013－09－11(03).

2. 选择做哪些事

编辑工作从一字一句一标点的斟酌到数人数事数流程的把控,可谓千头万绪、琐碎庞杂,要做到既宏观又细致却不作纠缠,既深刻又通俗却不流于浅薄,既统领又具体却不显空洞,既豁达又坚持却不陷于偏执……对编辑综合能力和素养的要求极高。如此,编辑在事无巨细的日常中选择做哪些事就显得极其关键。最优的方案莫过于以价值正确为前提,理清思路,主动选择。

下面以决定选题策划成败的三个方面为例来说明。

(1)基于问题解决的选题价值评估

编辑策划的图书选题的内容方向是否聚焦真实问题的解决?学科类的工具书是否能真正帮助孩子突破学习难点?素养类的读物是否切中了青少年素养缺失的短板?心理疗愈类的图书是否能真正疏导当下某类人群的心理隐疾?……这些问题的聚焦与对应,是选题成功的重要前提。

(2)基于品质坚守的选题优劣判断

近些年,全国出版图书品种规模增速明显,年出版新书量从 20 多万种到 30 多万种,再到 50 多万种,疫情三年虽稍有回落,但数量仍然惊人。出版品质良莠不齐,甚至大量"劣币驱逐良币"的乱象愈演愈烈。作为合格的编辑,要坚守书品如人品的良知和底线,坚守高质量的内容及形式品质,力争做到自己策划编辑的图书具备"人无我有,人有我优"的竞争优势和特点。

(3)基于投入回报的选题权衡取舍

马克思曾说:"一切节约归根到底都归结为时间的节约。"时间是最终价值,机会成本最贵,这是编辑要知晓的常识。编辑在职业生涯中难免会面临不认同"人情稿""关系稿"的情况,也会面临对与市场有偏离、有偏差的"指派稿"的抉择,更会遭遇行进到一定阶段,因为种种现实原因,明确知道继续推进会招致更大损失的尴尬局面。当身处这样的境地之时,编辑必须保持头脑清醒,充分认识到时间最有价值、机会成本最贵,果断作出止损选择,把自身的时间、精力投入到更有价值的事务和项目中。如此,才能在"乱花渐欲迷人眼"的诸多或大或小的事务中,努力做到"慎终如始,则无败事"。

（三）编辑可为之三：做实小事，操练进阶

鲁迅言："无穷的远方，无数的人们，都和我有关。"对编辑而言，要抬头仰望星空，更要脚踏实地，做好当下的手头事，练就真功夫。千里之行，始于足下和案头，做实小事，操练进阶，才是编辑真正需为、可为、必为之举。笔者在从事编辑工作的经历中，身边不乏目标高远、夸夸其谈，却难以具体实干的同行（此处经历如有雷同，纯属巧合，请勿对号入座）。长期来看，他们往往是徒耗精力，长进甚微，难有作为。踏入编辑行业，就注定踏上了对理想、对文化的不懈追求之路，每一步都必须留下实干和汗水的印痕，才能行稳致远，不断顶高自身能力与发展的"天花板"，实现自我的成长与突破。

1. 单项事务尽量细致，必须严谨

编辑工作少不了手忙脚乱的各项事务，难免顾此失彼，导致出现各种工作疏漏，甚至造成生产事故，给社里造成损失，自己也会产生极大的挫败感。因此，再忙碌万分，也要在按轻重缓急排序后做实单项事务，做到尽量细致，必须严谨，这是编辑的基本素养，需要在长期的训练中习得。

2. 复杂事务尽量周全，必须比较

曾经，有初入行的同事抱怨日日加班加点，却还总是如打地鼠般新问题不断，更看不到项目推进的成效和进展。究其根本原因，乃是面临复杂事务时没有做到清醒定位、清晰梳理、兼顾周全。

笔者以曾经策划的大套系学术补贴项目"大道书系"为例，该项目为高校教育学术补贴项目，参与院系众多，写作者、决策者条线复杂，方案要获批通过，必须做好以下三步：第一步，先结合自身优势，深入研究写作者与决策者的共性需求；第二步，根据高校初步提供的零散单本书目，梳理主题，拟定供参考的套系名和分类主题方向；第三步，与同类知名教育出版套系进行参照比较，拟定框架、明确主线后再进行方案拟写和修改完善。该方案的撰写大概耗时一周，查阅参考相关资料文献近百份，最终在校内外专家论证会上一次性通过。这就是一次较为成功的复杂事务兼顾周全、充分比较的方法演练。

三、结语

人民教育家于漪先生曾说:"选择了当教师,就选择了高尚。"作为教育出版人,同样应该抱定"选择了当编辑,就选择了理想"的自觉和境界,用自己的坚守与创新、拼搏与奋进,以浪花也能改变潮水方向的决心,拥抱变革,克服时艰,用个体的微光和力量推动出版行业走向更美好的未来!

参考文献:

[1] 国家新闻出版署出版专业资格考试办公室.出版专业基础·中级(2020年版)[M].北京:商务印书馆,中国书籍出版社,2020:80-82.

[2] 王健飞.互联网与中国后现代性呓语[M]//张立宪.读库202204.北京:新星出版社,2002:1-3.

[3] 曹培培,赵玉山.编辑职业压力:现状、来源与调适建议[J].出版科学,2022(06):32-41.

[4] 商金林."编辑"应是时代的"先驱者"——纪念叶圣陶从事编辑出版工作90周年[N].中华读书报,2013-09-11(03).

[5] 裴越.论"内卷"与"躺平"的生存焦虑[J].鲁东大学学报(哲学社会科学版),2022(01):65-70.

关于如何实现编辑和作者双向奔赴的初浅思考

隋淑光

[摘要] 要实现编辑与作者的双向奔赴,应注意两点:第一,编辑要弱化传统的单纯"为人作嫁衣"的服务定位,代之以与作者平等对话的姿态扶植、培育出版物;第二,在新的出版环境下,编辑的学科界限益趋模糊,编辑既要拥有精专辅以宽博的知识储备,又要具备驾驭不同媒介和表达方式的融媒体出版能力,以此实现与作者的平等对话交流。

[关键词] 编辑　作者　双向奔赴　杂家

少年时代曾经在《人民文学》等权威媒体上读过上海古籍出版社何满子先生的多篇杂文。其文既睿智隽永,其名又典雅出尘,因此给了我一种编辑这个职业如同在云端里的美好想象。那个时候我还经常在文学期刊上读到孙犁、吴伯箫的文章,也喜爱有加。孙、吴二位先生也均有编辑工作经历。孙犁先生一篇关于编辑改稿的文章中的一句话让我至今记忆犹新,大意是"编辑虽然掌握对文章的生杀大权,但是忌大肆删改,如果觉得文章不能用,直接退给我,我会更高兴"。

总而言之,由于这三位先生的缘故,在我少年时代初浅的思维里,已经生发了择业的萌芽,即使后来有电视剧《编辑部的故事》中刘书友这样接地气的编辑做"反例",也未能阻止我效"飞蛾投火"。然而,在我踏入这个行业之后却发现,在市场经济大潮的涌动之下,编辑工作的光环正在逐渐消失。虽然领导和前辈编辑也口口相传一些关于编辑受到尊崇的辉煌往事,比如说某年到某地去组稿,当地县长和宣传部部长亲自出面安排和宴请,到北京去组稿,一个电话过去,某科研所负责人立即安排见面接待等,但世易时移,这当然不过是一种"我祖上也阔过"的心理补偿。

编辑地位的下降，我个人认为既有社会层面的原因，也有个人层面的原因。就社会层面来说，在市场经济大潮的涌动之下，出版平台不再稀缺，买方和卖方的位置发生了互换是原因之一。就个人层面来说，一部分编辑因个人底气不足，自己主动矮身到尘埃里也是原因之一。十几年前曾经听过这样一个顺口溜，大概是编辑的自嘲："我是编辑我可耻，我为祖国浪费纸。"数年前我曾经在外地参加一项有关青年编辑技能评价的工作，其中涉及一封编辑写给作者的约稿信，阅卷时发现居然不止一个考生在行文时自称小编，落款则是"小编敬上"。我当时既气又笑，就交代组里一同工作的同事，这一点必须要扣分。还有年轻的同事在介绍教材工作经验的时候比较多地强调对编写组不合常规的工作方式的配合和满足。这些现象不由引起我的思考，编辑应该采取怎样的和作者的相处之道？在当前的大环境下，如何实现编辑和作者的双向奔赴？下面就我自身的一点经历加以说明。

2001 年 7 月，我入职上海教育出版社，在报到后的第九天，即因教材工作需要，作为我社代表被派驻位于北京的新世纪教材总编委会达一年余，承担与总编委会的沟通联络事宜，同时担任《科学》教材的责任编辑（当时我社与北京师范大学出版社、教育科学出版社共同组建总编委会，编制一套义务教育课程标准实验教材。我社承担《科学》《化学》《历史与社会》三种）。此后经历了该教材编制、审查通过、推广使用、巩固提高的全过程。

在此过程中，我和《科学》教材编写组的各位核心成员有了较深入的合作和交往，尤其是和教材主编赵峥教授的交往和合作，此后一直伴随我的编辑工作乃至我个人的成长。《科学》编写组共有四位核心成员：主编赵峥教授是国家《科学》课程标准研制组负责人，时任中国引力与相对论物理学会理事长，是著名的理论物理学家；副主编宋海泉老师有较丰富的教材编写经验，知识渊博，融通文理，生物教育背景出身却是中国朦胧诗"白洋淀诗歌群落"中的核心成员，早年曾和北岛、食指、根子等唱和吟咏；编委何立千教授出身文化世家，其祖父是著名书法家何二水，其先生的祖父是文化巨擘沈尹默，她本人早年毕业于北京大学生物学系,当时除了参与《科学》教材编写,还担任《生物》教材全国审查委员;编委刘洁民教授是科学史专家,国家《科学》课程标准研制组核心成员。可以想见,这样的一个编写团队是不会把初出校门、只有 9 天编辑工作经验的我放在对等的交流层面上的。

我到北京伊始就面临《科学》(七下)的送审任务,时间很紧急。如何密切与编写组的关系,取得他们的认可,通力协作完成送审任务,是摆在我面前的一个亟须解决的难题,这时我的专业素养及平素对人文历史类的涉猎帮助了我。

先是我对生物学科前沿的熟悉和关注使得我与何立千教授有了共同话题,她多次和我讨论,还主动送我诺贝尔奖获得者来华讲座的门票。这样我和她有了很多的交流空间。《科学》编写组的几位核心成员有一个共同特点,就是虽然是理工出身,但都酷爱文史,并都有很深的理解,这样我就和他们有了共同的话题。我曾经用一整个下午和副主编畅谈朦胧诗、"白洋淀诗歌群落"、"文化大革命"中的地下文学等,也曾经和赵峥教授深入谈论一些历史事件。这些交流及以后在工作中的接触,使他们对我有了全新的认识。几位编委对我在文史方面的涉猎颇感惊讶,赵峥教授曾多次送我他获得国家图书奖的著作。由此,我们成为对等的交流对象。当然,我和编写组成员之间也并非没有争执,长时间在高压状态下工作,心态很容易急躁,因工作方式方法的分歧,加之我年轻不谙世事,也说了不少不该说的话,做了不少不该做的事,但这都受到宽容对待,没有影响我们之间的合作状态,此后《科学》教材工作一直进展得比较顺畅。

2013 年以后,《科学》教材的工作逐渐告一段落,但是我与编写组以及赵峥教授的交流与合作却并未中断。先是我在 2014 年向赵峥教授约稿《爱因斯坦与相对论——写在"广义相对论"创建 100 周年之际》一书,并在 2015 年推出。2015 年适值广义相对论创建 100 周年、狭义相对论创建 110 周年。为了纪念这一意义深远的科学事件,赵先生用通俗的物理语言展示了包括相对论在内的物理学重大成就和重要思想。尤为可贵的是,赵峥教授在写作中还融入了基于数十年科研工作而获得的对相对论研究的创见,并融以作为相对论研究者,在初识、研读、发展相对论过程中的心路历程。这无疑有助于拉近读者与相对论及爱因斯坦的距离。

为了更好地呈现这本书,我殚精竭虑,苦心焦思。比如说:在装帧形式上,我颇有创意地把爱因斯坦的漫画头像元素引入页眉,把赵峥先生写意的手写体签名引入封底;在内容上,我反复核实每一个知识点,力争做到无差错;在编辑出版过程中就筹思如何宣传推介,构思书评,几乎与书面世同步,在《中国科学报》书评版刊出了《推开走进爱因斯坦的"三重门"》一文,并获得广泛转载。该书以其通俗易懂的内容、典雅优美的装帧、引人入胜的文字表述赢得了读者的喜爱,在当年的上海书展中深受青少年读者的欢迎,书展开幕当日即售出近百册。数年间该书销售势头未减,创造了较好的效益。

在多年的交流与合作中,我与赵峥教授逐渐形成了一种有似师生的关系。赵先生既是理论物理学家,又是文采斐然的科普作家,其作品曾两获"中国图书奖"。他的著作引发了我对理论物理学的兴趣,他的鼓励和教导对我的科普写作起到至关重要的作用。他一直鼓励我勤于动笔,鼓励我多写多练,并向我介绍了多位科普作家的写作经历。在他的鼓励下,加上一些其他因素的促成,我开始尝试运笔,初试莺啼之后,稚嫩的笔触为《中国科学报》所嘉许,受邀以专栏的形式写作。几经思考,我将专栏命名为"格致书屋",定位为:"意在以科学与人文的视角,对中国古代文化作品进行解读。以期对青少年的阅读产生启迪,开拓其科学视野、人文视野,引发其科学兴趣、阅读兴趣,以及了解与传承中华优秀传统文化的热情,从而改变当前普遍存在的倦于阅读、沉溺于浅阅读,以及对中华优秀传统文化疏离的倾向……"

自2014年至2018年年底,我先后在该专栏刊发文章近60篇,其中相当一部分篇目涉及理论物理学内容,如《吴承恩的时空观》《"狭义相对论"视角下的"长生不老"》《冥府,古代想象中的高维空间?》《千里马、缩地法与虫洞》《大羿射日与三体问题》《指尖上的"黑洞"》《量子世界里的"花果山"》等。生物教育背景出身的我敢于碰触这些知识领域,这在相当程度上得益于我从赵峥教授的著作里汲取的营养。尤其难能可贵的是,在我写作中,赵峥教授遍览了这些篇目并对其中的错讹一一订正。

2018年，我以发表的专栏文章为基础，遴选部分篇目，以其中的《量子世界里的"花果山"》一篇为书名结集。该书被列入2018年上海市重点图书，由上海教育出版社出版。赵峥教授又特为惠赐了推荐语。该书出版后颇受好评。2018年年底，以该书出版为契机，由上海市科普作家协会、上海市楼宇科技研究会共同举办的"'科普与文学'专题学术研讨会"在上海科学会堂举行，著名科普作家卞毓麟、方鸿辉，著名学者完颜绍元、作家张光武等，以及上海科普作家协会数十位领导、理事和会员等莅会。我在会上就自己的创作体会作了报告《文学性和艺术性是优秀科普作品不可分割的属性》。

2015年，我被上海市科普作家协会授予"上海市优秀科普作家"称号。此书出版后，我在2019年获评"上海市优秀科普编辑（记者）"。饮水思源，这些荣誉的获得与赵峥教授的教诲和帮助是分不开的。

回顾我与《科学》编写团队长达二十余年的合作与交往，我有两个深刻的感受。第一个感受是，作为编辑，与作者相处时，不宜一味迎合取容。一味迎合取容不但不会赢得作者尊重，反而易招"以妾妇之道事君"之讥。第二个感受是，作为编辑，没有一个"技能包"是没用的。爱岗敬业、"为人作嫁衣"的牺牲精神固然可贵，而"技能包"才是实现与作者平等对话交流的"公平器"。

随着出版形势的变化，编辑的学科界限益趋模糊，"技能包"更需要精专辅以宽博。老出版家罗竹风云："编辑应该是杂家，所谓杂家，就是对各个领域的各种学问，都要懂一点，略知一二还不够，最好是略知二三。……这样你才能与名家从容交流，组到好的稿子。"最近也有学者提出，"与纸媒时代相比，融媒体时代的知识供给环境、出版物形态和编辑工作内容均已经发生了翻天覆地的变化，而编辑'杂家'概念的内涵也需要进行重新辨析和更新。杂家之'杂'，重点已不在知识的广博，而应该着重强调驾驭不同媒介和表达方式的能力，即融媒体出版能力，成为'两专一杂'的'新杂家'"（两专：学科领域的专才＋专门化的编辑；一杂：驾驭不同媒介和表达方式的高手）。我认为这两种说法并不矛盾，随着时代的发展，杂家的"杂"拓展出了新的外延是很自然的。

结合自己初浅的编辑经历，刍议如何实现作者和编辑的双向奔赴，时过境迁,一管之见未必合时宜,也未必能迁移,权作探讨的基础,就正于编辑同仁。

参考文献:

[1] 刘少鹏.融媒体时代编辑"杂家"概念之辨与变[J].中国传媒科技,2021(02):23-25.

[2] 曹正文.听罗竹风讲"编辑应是杂家"[N].文汇读书周报,2017-11-06(04).

用细节去争取读者

——《发光的骨头》编辑手记

林凡凡

[摘要] 本文回顾《发光的骨头》从选题到上市的全过程,概述了在修改书名、梳理文本、构思封面、打磨文案以及营销推广等各环节对细节所做的思考;强调好内容要做成畅销书,需要策划编辑重视细节,通过做好细节工作去争取读者。

[关键词] 细节　编辑　畅销书　读者

2022 年出版的《发光的骨头》,是我近年责编的书中自己比较满意的一本。在发现这个选题的时候,我看中了其中铿锵有力、别具一格的叙事,这样的内容在国内很少见。令人惊喜的是,作者善于讲故事,内容的可读性很强。而且,这本书的英文版 *The Radium Girls* 获得过 2017 年度 Goodreads 读者投票评选的最佳历史传记类图书(全球最大书评网站 Goodreads 每年会由读者投票评选产生年度图书榜单,可以说这个榜单代表了一定的热门程度)。我的选题直觉告诉我,这本书值得引进。

这是一本非虚构作品,讲述了一段 20 世纪初期美国女工遭遇职业伤害的黑暗历史。众所周知,居里夫妇在 19 世纪 20 世纪之交发现了镭元素。但鲜为人知的是,镭很快就在商业应用和宣传中被神化,一系列带着放射性的镭产品居然进入了普通人的生活。其中一种镭产品是夜光表盘,因为镭能发出荧光,所以被涂于钟表、仪表等表盘的数字上,让表盘在黑暗中也能被看得清楚。时值第一次世界大战,夜光表生意十分火爆。一些负责描画表盘的女工,在日复一日的工作中与镭亲密接触,导致患病,受尽痛苦折磨后悲惨死去。这本书的内容围绕着这些女工如何中毒，如何遭受折磨，如何求告无门，如何在必死的绝望中坚持控诉公司的贪婪与无耻展开。

签下版权以后，我才逐步意识到，这是一本很能打动人心的书。译者告诉我，她在翻译过程中常常为书中女工的遭遇感到愤慨和心痛而流泪，多次需要调节情绪才能继续译下去。帮我审读文本的编辑看完后对我说，这本书真的太感人了，快点出版吧！我自己审稿时，也被稿件中很多描写"击中"，多次看到叹气、流泪。这是富有感染力的叙事，但同时书籍的内核又是严肃的，作者写这本书之前做了严谨细致的调查和研究。经验告诉我，这样的作品很难得，可以往畅销书方向努力。

一本书要实现畅销，除了本身内容好以外，编辑中还有很多细节需要尽可能做到位，让书尽可能与读者产生联结，并且与尽可能多的读者产生联结。所谓编辑是作者与读者联结的桥梁，不只是指出版工作中编辑处于流程的中间位置，还体现在具体的细节工作中，用细节的力量联结书与读者，这些细节才是真正的桥梁。至于《发光的骨头》这本书，既然它的内容已被看好，那么就要在具体的工作中处理好细节，尽全力联结书与读者。编辑工作十分琐碎，以下是我觉得值得一提的一些细节。

一、修改书名

这本书的英文原名是 *The Radium Girls：The Dark Story of America's Shining Women*，直译是《镭姑娘（镭女孩）：美国闪亮女人的黑暗历史》。说实话，像这样的直译书名是无法使用的。首先，对于不了解这段美国历史的中国读者来说，主书名"镭姑娘"这样的译法，最可能让人联想到的是居里夫人。当然，如果不想读一本有关居里夫人的书，自然也就不会关注这本书，这书名就起到了反作用。其次，副书名里的强烈对比（"闪亮"与"黑暗"），在中文语境中总让人觉得怪怪的，有一股浓浓的"翻译味"，细究起来，并没有多少意思，至少不能打动我。

所以，从一开始我就决定把书名换成"发光的骨头"。"发光的骨头"有两重含义。第一重含义就是字面上的意思，镭沉积在女工们的骨头里，幽幽地发光，哪怕她们死去、被埋葬,镭也会在地底下发着光——镭的半衰期约为 1600 年。第二重含义,镭姑娘们在绝境中坚持捍卫自身权利,追求正义和尊严,她们身上有不屈的傲骨,她们的精神是闪光的。这个书名,虽然不能让人看一眼就理解这本书讲什么,但至少不会起反作用,并且有属于它自己的独特含义,也许读者还会好奇"为什么骨头会发光"。就像新经典文化股份有限公司在 2019 年出品的《你当像鸟飞往你的山》,也不是一眼就能看懂的书名,但一点也不影响这本书的推广和销售,反倒挣来了许多讨论书名的流量。

有人劝我加个副书名,我觉得不需要,因为这个副书名很难取,如果取得不好,还不如没有。而且,这本书必然是需要营销推广的,文案(尤其是封面文案)如果写到位,借助营销推广,完全可以弥补副书名的缺失。

二、梳理文本,增强可读性

这本书属于非虚构作品,文笔很流畅,描写的人物和故事很生动,可读性很强,可以说是如同小说一般好读。但是,部分译文没有表现出作者的写作风格或感情色彩,文本的文学美感也需要进一步推敲。因为时间关系,我决定自己改——把有些地方显得生硬的句子或用词改得柔软一些。举一个例子。"莫莉的牙齿已经全部掉光,下颌骨也不见踪迹,早就已经无法开口讲话,如今这张嘴里仅剩的就是那满口的鲜血",我改成了"莫莉的这张嘴,已没了牙齿,没了下颌骨,也没了声音。如今这张嘴里仅剩的就是那满口的鲜血"。这是在描写表盘画工莫莉之死,电影画面感非常强烈,那些句子就像是慢镜头特写。莫莉死前,牙齿和下颌骨都没有了,这是实指;而没有了声音,是代指她死了。用排比句式,也是为了尽量渲染这种画面。

我断断续续改了很长一段时间,不知道多少个夜晚坐在灯下,琢磨句子的可读性琢磨到头疼。我一度怀疑这样做是不是合适,但是一想到文本可读性会影响读者的阅读体验和这本书的传播,又觉得还是得坚持一下。不能说改得多好,只能说力求略有改进。

三、做一个恰当的封面

封面的重要性不言而喻。对于《发光的骨头》的封面构图,我很早就有了想法：在封面上呈现女性的剪影，她们的身上发出星星点点幽暗的绿色光芒，或者呈现碎裂的状态。我觉得这是悲剧的具象表达。在读者阅读之前，这样略显异样的图案可能给读者留下一些印象；当读者合上书的时候，心里可能有很复杂的情绪，看到封面，也许会产生一些共鸣。

据作者在书的最后说，这段历史曾有人记录，但都是从法律和科学研究的角度解读，大家记住了律师、医生们的成就；而镭姑娘作为受害者，只是一个抽象的群体，她们原本是怎样的人，过着怎样的生活，受过怎样的痛苦，有过怎样的牺牲……历史没有记载，也几乎没有人关心。作者想要通过这本书"公正地对待她们"，因为她们不应该被遗忘。

我想，封面中应该有具象的"她"。这本书不只是一段可怕的历史，也是镭姑娘的传记。我找了一些图文资料，让设计师快速了解这段历史。设计师也浏览了一部分校样，感受了文本风格和气质。在设计之前，我们充分沟通了想法。最终，封面方案出来时，我想要的设计要素都有了，格调和美感都胜过我的设想，所以微调一下就定下来了。

我也考虑过是否在封面上呈现表盘，因为表盘在这本书中是极其重要的一个符号，英文版和繁体中文版封面都用了表盘符号。但是，最终我选择在内文里呈现表盘：将每个篇章页和每一章节的数字小标题都置于一个表盘示意图之内。封面仍旧照我的想法去设计。

四、打磨图书文案

文案的重要性不亚于封面。我总觉得，哪怕书名不出彩、封面不抢眼，只要图书文案足够优秀，也能赢得读者青睐。我说的图书文案，一般指内容简介、编辑推荐语、广告语等需要编辑去"创作"的文字。这样的文字，说简单很简单，毕竟编辑对书稿内容已经很熟悉了。但随着工作年限的增长，我越发觉得文案难写。这不是说个人能力下降，写不了，而是考虑到图书推广和销售日益转移到线上，读者很难像在书店里那样翻阅书本后判断自己是否有兴趣读下去。现如今读者去了解一本书，或者判断对一本书是否感兴趣，在很大程度上是依靠图书文案。换句话说，读者看了图书文案，就知道一本书是讲什么的，以及自己是否感兴趣。

一本书的文案怎样介绍这本书,就像是编辑公开评价这本书,把它的亮点、趣味、风格等直接向读者述说。如果编辑不能恰当地把握这些文案内容,必然会与很多潜在的读者失之交臂。

《发光的骨头》这本书可以有多方面的解读,比如科学、历史、医疗、法律、女性等。我最终选择了历史和女性这两个方向,这一方面是考虑了作者的写作意图,另一方面是考虑这两个角度更能激发读者的兴趣和共鸣,能在文案层面让这本书更契合当前的阅读潮流。

《发光的骨头》的文案,我写了三四天,不到一千字。只看最后文字的话,其实也看不出来有多精彩或者多难写,但写文案的过程实则伴随着各方面的考虑。我习惯在校样阶段做笔记,就是把书稿中对写作文案有参考价值的内容标记出来,到了真正落笔写文案时,浏览一遍这些内容,然后开始写。在写的过程中,我会思考表达什么内容,遣词造句是否浅显直白,逻辑是否顺畅,诸如此类,所以写写改改是常态。我还要发给朋友、同事看,问他们读后的感受,然后再修改。最终改到我觉得大部分人看了这些文案都知道这本书在讲什么,并且目标读者会对这本书产生兴趣,我就会果断定稿,不会无止境地改下去。

我不敢说《发光的骨头》的文案很好,但感觉大体上还不错。我能这样说,是因为这本书的营销工作基本上是我自己做的,在营销的过程中,文案就像敲门砖,大部分的门敲开了,至少说明这砖是合格的。

五、营销推广

新书要做营销,这是一种积极主动向读者靠近的姿态,是所有市场书都不可或缺的。我当然也有这样的准备,所以在《发光的骨头》付印之后,就拟了一份营销计划,并着手准备营销物料。同行喜欢把图书营销比作打仗,拿下一个个曝光推广机会就好像攻城略地,而营销资料就是子弹。《发光的骨头》的营销之战对于我来说,就是一场硬仗。

这几年的营销行情变化非常大,这一点我是知道的。比如,传统媒体的内容选择日益偏向原创和保守,并且图书板块的影响力日益下降,对于市场的影响也趋弱;同时,各大好书榜已经成了兵家必争之地。出版机构都在争夺流量,建立自己的品牌,用品牌特质吸引目标读者,并在各大平台建立阵地,释放影响力。营销编辑们穿梭于各大平台,与 KOL(Key Opinion Leader,即网红)和KOC(Key Opinion Consumer,即普通博主)建立联系,借助他们的影响力将新书资讯直接推送到读者面前。

上海教育出版社社科图书的品牌建设尚在进行之中,还谈不上有阵地,更遑论流量和粉丝。在这种情况下,我为《发光的骨头》做营销推广工作,动力只有一个,就是坚信这是一本好书,好书是有魅力和号召力的。但这也意味着我要耗费很多精力去搜集信息,去与陌生人沟通。我要做的所有工作,总结起来就是告诉潜在读者:《发光的骨头》出版了,这本书写什么,有什么特色,为什么值得阅读,等等。要用各种各样的手段去告诉尽可能多的读者,去吸引尽可能多的读者购买和阅读。但是,缺少营销经费的现实,也限制了"用各种各样的手段"。图书营销的花样是很有限的,无非是找有影响力的媒体或个人推荐,形式无非是书评、书讯、书单等。那么,围绕《发光的骨头》,也无非就是去找有影响力的媒体和个人,说服他们,用书评、书讯、书单等形式去推荐这本书。当然,这个工作要结合《发光的骨头》这本书的特点进行,比如要尽量找契合这本书风格的媒体和个人。事实上,这本书的营销与别的书相比并没有什么独特之处。

营销没有独特之处,不代表工作就是容易的。举个例子,如果我要找某个类别的 KOL,除了少数可能是已知的,大多数要在网络上从各种蛛丝马迹中去寻找。要看大量的信息,从信息中分辨出目标 KOL 后,浏览他们发过的作品和闲言碎语,再试图和他们一一建立联系。当然,不走到最后一步,每一步都可能是徒劳的。这意味着,哪怕是微不足道的一点曝光,其背后也可能是巨大的工作量。

限于本文篇幅,具体的过程、细节无法一一说明。图书营销是艰难的,但它是这本书去到读者手中之前,我所能做的最后的努力。

如我所料,这本书上市后获得了读者的好评。我很欣慰。我毫不怀疑这本书会得到更多读者的高度评价，但现实在于，书籍本身也是商品，它也有版权期和新书上市期，有市场竞争，时间长了还会积压于仓库变成滞销品，这一切都敦促着编辑要尽可能努力，不能只是慢慢等待好书被人偶然发现。《发光的骨头》的"前途"尚未可知，但我已经用有限的精力做了最大的努力，用编辑工作的细节去争取读者。

《钱学森说》出版的背后

储德天

[摘要] 本文介绍了《钱学森说》一书出版背后的故事。文章描述了编辑在接到这个任务后的困惑和挑战，以及对钱学森及其思想的深入了解。编辑通过研究钱学森语录和背景，精心策划，不断完善书稿，并设计精美的装帧来展示书中的书法作品，呈现了钱学森作为一名中国科技工作者为国家、为人民奉献的一生。

[关键词] 钱学森 出版 思想 教育 语录 装帧

2020年夏天，我突然接到一个任务，说是要出一本有关钱学森的书。钱学森，这是一位足可"封神"的大科学家，能做有关他的书的责任编辑是何等荣耀！然而，我是一名人文社科图书编辑，妥妥的文科生，对于空气动力学、航天工程等可以说是一窍不通。究竟是钱老的一本什么样的书，需要社科编辑来做？

带着各种想象，我来到领导办公室"喜提"任务单，拿到书稿后，吃了一个小惊。虽然极不喜欢做鸿篇巨著，但只有10页纸头的文字原稿和一些书法作品的照片，要把它们整合成一本书，可谓"难于上青天"。见我面露疑惑，领导说，中国传统的著述里有一种方式叫语录体，例如《论语》就是语录体，后世也多有此类著作，如《朱子语类》；用当下时髦的说法，这也是微博体。这本就是"钱学森经典语录"，你回去琢磨琢磨，想想怎么弄。

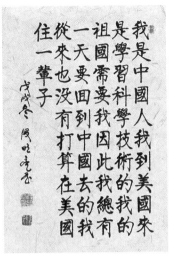

我是中国人，我到美国来是学习科学技术的。我的祖国需要我，因此，我总有一天要回到中国去的。我从来也没有打算在美国住一辈子。

010　　　　011

图 1　《钱学森说》内页展示(一)

任务领回来，就要开始做功课了。关于钱学森的书已经很多很多了，怎么能做出创意来呢？经过一番揽星捞月似的资料查询，我对钱学森的认识慢慢地丰富、立体起来。钱学森之所以成为钱学森，成为中国航天事业的奠基人，除了他的天赋和专业知识外，他对其他领域的关注和涉猎也是重要原因，并最终成就了他作为"战略型"科学家对未来中国的设想和规划。原稿内容有十个板块，每个板块都是钱学森对一些重大问题的思考，比如"关于回归祖国""关于教育和人才培养""关于科学研究及其方法论"等。晚年时，他还提出了著名的"钱学森之问"："为什么国内的大学老是'冒'不出有独特创新的杰出人才？"面对着看似毫无关联的问题，究竟该怎么入手呢？我想到我们是一家以教育见长的出版社，是不是可以教育为切入点呢？

当我带着这个想法向这本书的牵头人，著名出版人、韬奋出版奖获得者——韩建民老师请教时，他表示，这可以是一个点。另外，韩老师还补充道，钱老是江南钱氏后人，自小承接的家庭教育，中华优秀传统文化的熏陶是他不畏艰苦、回国报效的动因。他的爱国主义精神、家国情怀就是中华优秀传统文化的力量,这种文化的力量融在我们的血脉之中,可以教育人、感召人、激励人。所以,钱老不仅是一位科学家,也是一位坚定的马克思主义者和爱国者,是一位优秀的中国共产党党员。两种身份,一个信仰!这就是他骨子里传承的基因和文化,也是他接续奋斗的精神密码。

图 2　1955 年 9 月 17 日,钱学森登上"克利夫兰总统号"邮轮前的留影

韩老师的建议给了我很大的启示。钱学森不正是中国共产党优秀党员的一位代表吗? 2021 年是中国共产党建党 100 周年,我们学习"四史",传承红色基因,钱学森为新中国的科技发展做出了巨大贡献,在新中国的科技史上写下了浓墨重彩的一笔,他是我们学习的楷模!

确定了书的定位和主旨,就是给这本书搭起了骨架。"巧妇难为无米之炊",没有内容,怎么能构成一本完整的书呢? 我把语录又认真研究了几遍,这些是一段段简短的话语,有的比较简明易懂,有的却让人不甚了了。比如,"我为什么要选择中国? 我的回答是因为我选择了马克思主义,选择了共产主义的理想;还因为我热爱我的祖国";"人才问题很重要。现在搞科技的无非是三代人,一是像我们这样的老一级的,再有很重要的是三四十岁的人,还有正在学习的二十岁左右的。我希望,青出于蓝而胜于蓝,后一代比我们强"。我不禁好奇,在这些话语背后,特别是在面临重大选择的时候,钱学森是怎么思考的? 是在什么背景下? 站在他的视角,这些话语又有什么意义? 在韩老师的引荐下,我找到了对钱学森有深入研究的吕成冬副研究馆员,请他为语录撰写导读,帮助我们理解钱学森语录。我还寻来钱学森每个时期的照片,以图证史,让读者对钱学森以及他的思想有一个全面而完整的了解。

图3 《钱学森说》内页展示(二)

优秀的内容也需要美丽的外表,在看"颜值"的图书市场,好的装帧设计是一本书能否"出圈"的重要环节之一。我拿到的原稿,除了文字外,还有相当篇幅的书法作品。钱学森曾说:"中国书法艺术是形及意的结合,即画也。"国内有一位比较知名的书法家,他敬仰钱学森,在学习钱学森精神时,将语录用毛笔一字一字地书写下来。为了体现书法作品的艺术性,本书在做内文设计的时候,采用了中国传统书画装裱的形式来呈现书法作品,并与语录相互对应,左图右文。有两段文字略长的语录,为了保持整本书的装帧统一,我们把篇幅较长的书法作品设计成折页,这样就可以把书法作品和语录在同一平面上呈现出来。

我為甚麽要走回歸祖國這條道路我認為道理很簡單鴉片戰爭近百年來國人強國夢不息抗爭不斷革命先烈為興邦為了炎黄子孫的強國夢獻出了寶貴的生命血沃中華熱土我個人作為炎黄子孫的一員只能追隨先烈的足蹟在千萬

般艱險中探索追求不顧反其他再看看共和國的締造者和建設者們在百廢待興的貧瘠土地上頂住國內的貧窮國外的封鎖經過多少個風風雨雨的春秋讓一個社會主義新中國屹立於世界東方想到這些還有甚麽個人利益不能丢呢

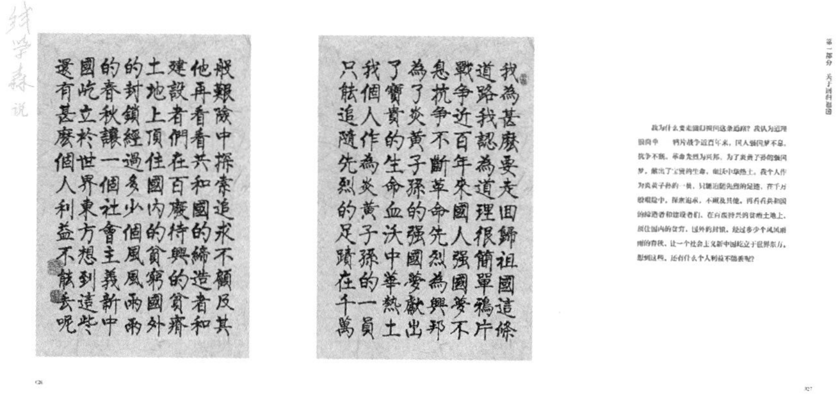

图 4 《钱学森说》内页展示(三)

“2007 感动中国年度人物”推选委员会这样评价钱学森:“大千宇宙,浩瀚长空,全纳入赤子心胸。惊世两弹,冲霄一星,尽凝铸中华豪情,霜鬓不坠青云志。寿至期颐,回首望去,只付默默一笑中。”我们今天谈钱学森,从学习这位科技工作者的自白开始。

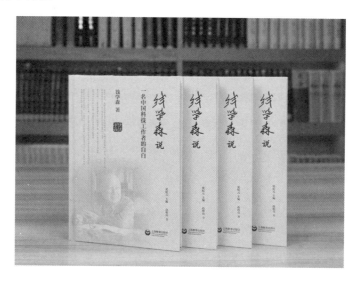

图 5 《钱学森说》书影

从冬到夏，白天黑夜，将时光刻进书里

——《为了更好的学习：教育评价的国际新视野》编辑手记

廖承琳

[摘要] 本文是《为了更好的学习：教育评价的国际新视野》一书的编辑手记，主要从选题情况和图书内容介绍、编辑难度、工作方式和优化、个人收获等方面，对该书的编辑、出版工作进行了回顾与总结，以便今后能更加高效地工作。

[关键词]《为了更好的学习》 编辑手记 沟通协作 图书质量 工作效率

如果有人问我："你做过的书中，最难忘的是哪一本？"我会不假思索地说："《为了更好的学习：教育评价的国际新视野》（以下简称《为了更好的学习》）。"该书由经济合作与发展组织（OECD）编写，华东师范大学外语学院窦卫霖教授领衔翻译。

关于这本书的编辑手记，我其实四年前就想写，终因事多，搁置至今。当终于下定决心提笔为文时，那些从冬到夏、白天黑夜都在赶稿的日子，那些加班到很晚，和部门领导一起奔跑着赶末班地铁的日子，又扑面而来。

一、初接任务，十万火急

2018年10月，部门领导说有一个从OECD引进的选题，书稿在翻译中，计划年底交稿，次年出版，安排我做责编。

2018年12月底，窦老师发来译稿。那时我刚好快看完另一本重点书的校样，准备脱手后即审这本译稿，但2019年元旦后，得到一个重磅消息：《为了更好的学习》要召开国际性新书发布会，OECD 的专家学者将参会，时间可能在 5 月底。

我非常吃惊，迅速算了一下：从 5 月底倒推，扣除印刷和送书时间，图书下厂时间不能晚于 5 月 18 日。这样一来，留给编辑的时间只有四个半月。吃惊顿时变成了惊恐：这怎么可能？书稿体量这么大，还是翻译稿！译稿刚拿到，审稿还没开始，怎么可能在四个半月内做出来？而且，我手上还有一本重点图书在做，怎么安排得开？

部门领导让我先专心做这本更紧急的书。我意识到任务的重要性和时间的紧迫性，加班看完手上剩余校样，次日便开始了这本急稿的审稿和编辑工作。

二、这是一本怎样的书

原书共 721 页，正文共 8 章。前言至第三章是概述，第四至第八章是分述，涉及 28 个国家和地区教育评估与测评的政策、发展和数据。其中，第四、五、七章都有附录，每个附录都有大量表格。全书最后还有两个附录。做成中文版后，共 633 页，98 万字。

该书由 OECD 教育与技能司组织 28 个国家和地区的 120 多位专家学者精心编写，堪称教育评价的里程碑之作。其亮点有以下四点：

第一，在社会各界前所未有地关注教育评价和改进的背景下，它对全新社会环境下的教育进行了新的审视。

第二，它确立了以学生为中心的评价观，立足于为改进学生的学习而统整各方面的工作，改进各项政策，同时为教师的发展、学校的领导和行政部门的管理带来激励，旨在通过教育评价和测量促进教育变革。

第三，它首次明确地将教育评价分为学生测评、教师考核、学校评估、学校领导考核、教育系统评估五个层面，进行有针对性的评价，既突出各自的特点和要点，又努力兼顾相互之间的联系，具有广泛的适用性。

第四，它运用了 28 个国家和地区的数据、案例、经验和政策，并对其成败得失进行分析，为我们了解和理解不同区域和文化的教育政策与实践提供了不可多得的资源和平台。这填补了教育评价著作的空白。毫不夸张地说，这是一部反映教育评价国际新视野的百科全书,对教育政策制定者、教育理论工作者、教育评价专业人员和教育一线工作者都有启发和借鉴作用。

三、编辑此书有"三难"

在该书的编辑出版过程中,我们面临多重困难,主要有以下三点:

第一,体量巨大,出版时间却很紧。原书多达 721 页,有很多图、表、机构名,第四、五、七章有大量附录表格。这意味着译者和编辑的工作量都很大,需核查的内容很多,所需时间比一般图书多得多。但发布会时间已确定,编辑、出版时间只有四个半月。

第二,加工难度大。全书涉及面广,有好多此前我们并不了解的内容和知识、机构名,需要边学边做,广泛核查;翻译时间紧,参与者多,译文质量难免参差不齐,这也增加了加工难度。

第三,统稿难度大。时间很紧,全书由 9 位译者参与翻译;翻译组织者的统稿时间非常有限,译文不可避免地存在很多不一致之处;这么大体量的图书要在四个半月内出版,需要多位编辑合作,这带来了加工不一致的问题。既要保证译者译文的准确性和一致性,又要保证编辑加工的准确性和一致性,真是难上加难。

面对一本这么难"啃"却必须快速出版的书,作为项目联络人、进度把关者和第一责任编辑,我体验到从未有过的压力和焦虑:时间这么紧,我能做好吗?

四、优化流程,紧盯进度,提高工作效率

怎样做才可以按时保质完成任务? 既然没有退路,那就努力优化流程,提高效率。

首先是快速审稿,了解译文情况和存在的问题;看译者提供的术语表,对译文和术语表有疑问时用高亮标出,写出疑问,一方面便于和译者沟通,另一方面便于加工时重点处理。

图 1　译者编制的术语表及编辑的初步标注截图

其次是根据新书发布会召开时间倒排工作节点和时间,确定进度计划(涵盖双休日及其他节假日,见图 2 左),同时发给合作编辑、译者和分管领导,请大家努力按照节点把握进度。后因我患病住院、休养,原定进度未能达成,回归工作后依据实际进度和确定的新书发布会召开时间修改了进度计划(见图 2 右),继续推进工作。

3 月 1 日(2 月 1—11 日为春节假期)　初审结束,整理问题清单。
3 月 2 日—3 月 3 日(周末)　作者解疑。
3 月 4 日　发稿。
3 月 4 日—3 月 13 日　二审(含责编解决二审提出的问题)、三审。
3 月 14 日　处理三审提出的问题,排版。
3 月 15—24 日　排版,出一校样(图多表多,排版需要时间)。
3 月 25 日—4 月 16 日(4 月 5—7 日为清明假期)　通读一校样,作者同时通读并返回校样,责编整样、退改。
4 月 18—21 日　排版人员更新电子稿,出二校样。
4 月 22 日—5 月 2 日(5 月 1 日为五一假期)　对红(改动多的地方再通读),二审及三审,退改。
5 月 3—5 日　排版人员更新电子稿,出抽复稿。
5 月 6—7 日　校抽复样。
5 月 8 日　定稿,下厂打样。
5 月 9 日　看打样,下厂。
5 月 10—23 日　印刷(书厚,需要穿线)。
5 月 24 日　拿到样书。
5 月 25—27 日(最晚 27 日上午)　发布会用书送到现场(或社里)。

3 月 1 日(2 月 1—11 日为春节假期)　初审结束,整理问题清单。
3 月 2 日—3 月 3 日(周末)　作者解疑。
3 月 4 日　发稿。
3 月 4 日—3 月 13 日　二审(含责编解决二审提出的问题)、三审。
3 月 14 日　处理三审提出的问题,排版。
3 月 15—24 日　排版,出一校样(图多表多,排版需要时间)。
3 月 25 日—4 月 23 日(4 月 5—7 日为清明假期)　通读一校样,作者同时通读并返回校样,责编整样、退改。
4 月 24—30 日　排版人员更新电子稿,出二校样。
5 月 1 日—5 月 8 日(5 月 1 日为五一假期)　对红(改动多的地方再通读),二审及三审,退改。
5 月 9—13 日　排版人员更新电子稿。
5 月 14—15 日　去南京对稿,定稿,下厂打样　(提前和展望沟通,请 13 日安排人加班)。
5 月 16 日　看样,下厂。
5 月 17—26 日　印刷(书厚,需要穿线)。
5 月 27 日　拿到样书。
5 月 28 日(最晚 28 日上午)　发布会用书送到现场(或社里)。

图 2　两份工作进度计划表

再次是加强沟通和协作。一是及时和译者交流审稿时发现的问题，协商处理办法。在整个书稿加工和校样通读阶段，我和窦老师进行了无数次的电话、文字、语音、视频交流。加工后，我们梳理并列出主要疑问清单和修改建议，和几位译者当面讨论解决办法，以提高沟通效率，确保图书质量。

系统所"（p565，表8.8中）、"奥地利学校教育创新与发展机构"（p567）的译法。按照原文，翻译成"奥地利学校系统教育研究、创新发展和研究所"是否更准确？另，文中有少数地方写有简称BIFIE，应统一写出译文。

11. the Flemish Inspectorance of Education：（1）对于 Flemish 的翻译，术语表里是"佛拉芒"，但根据英汉词典，应用"佛兰芒"（2）在正文中，在表示区域时，Flemish 多译为"弗拉芒语区"（整个政府官方网站资料，建议统一为"弗拉芒区"），对应的"法语语区"改为"法语区"，在表示机构时，译为"弗拉芒"（多处）、"佛拉芒"（多处）、"佛兰芒"（多处）等，但也有少数例外，并没有完全统一。是否表述这样好些？（3）对 the Flemish Inspectorance of Education，译文有"佛拉芒教育检查组""弗拉芒教育督导组"，是否统一成"弗拉芒教育督导组"？

12. Czech School Inspectorate（CSI）：术语表里没有，译文有"捷克学校检查组""捷克学校督导组""捷克学校督学"等，拟统一为"捷克学校督导组"。

13. the Council for the Evaluation of Public Education：术语表上没有，P84 正文译为"公共教育评估委员会"，在 p95 译文为"公共教育评估理事会"，拟统一成"公共教育评估委员会"。

14. National Institute of Certified Measurement（NUCEM）：术语表里有"国家认证测量协会"，正文中的译文有"国家认证教育测评研究所"（P152）、"国家认证测量协会"（P598）等，拟统一为"国家认证教育测评研究所"。

15. Norwegian Directorate for Education and Training：术语表里没有，正文翻译不统一，有"挪威教育与培训司""挪威教育和培训局"（P248）、有"挪威教育与培训署"（P541），也有"挪威教育和培训司"（前言 p2、P119、P150、P155、P210、P248、P298、P566、P602），以第四种译法居多。建议统一为"挪威教育和培训司"。

16. Ministry of Education and Research of Norway：术语表里没有的译文。正文翻译不统一，有"挪威教育与研究部"（前言 p2、致谢 P1、P541），也有"挪威教育和研究部"（P119、P602），建议统一成"挪威教育和研究部"。

17. CERI：译文有"教育研究与革新中心"，直接一为"教育研究与创新中心"。

18. National Assessment of Basic Competencies：译文"基本能力国家评估"，拟改为"国家基础能力评估"。

19. Swedish Agency for Public Management：译文"瑞典公共管理机构"，建议改为"瑞典公共管理局"。

20. Canadian Atlantic Ministers of Education and Training：译文"加拿大大西洋教育和培训部长"，改为"加拿大大西洋教育和培训部长联合会"为妥。

21. the Standing International Conference of Inspectorates：译文"常设国际督导组织"（P685），建议改为"国际教育督导组织"。

22. Group of National Experts（GNE）on Evaluation and Assessment：术语表里有。译文全书不统一，有"评估与测评国家专家组""评估和测评国家专家组""国家评估和测评专家小组""评估和测评间国家专家组"等多种译文，以"国家评估和测评专家小组"居多。是否选统一为"国家评估和测评专家小组"二字。

23. ICT：译文有多种，如"信息和通信技术""信息、通信和技术""信息通信技术"。技术语统一为"信息通信技术"。

24. VET：译文有"学校职业教育和培训"（P548）、"职业教育和培训"等，可参照学界惯用译法，统一为"职业教育和培训"。

25. Eurydice：欧洲委员会下设的一个教育事务机构，直接译为"欧亚狄克"（前言 p2、29）或"欧律狄刻"（P658）让人处在一个人拟拟加注，询问这是小机构，此处使用音译"欧里欧克"（参照人名译名词典确定）。

26. external school evaluation：译法不一，有"学校外部评估""外校评估""校外评估"等译法，以"校外评估"居多，拟统一为"校外评估"，以后"学校自我评估"对应。

27. 各机构的简称：有些经页以插注的形式出现，建议以保留第一次出现处，但为便于查找统一，该校样的段前打不删除，待试红阶段随删一一处理。

28. 英文术语、机构或项目名称，有些给出了英文全称，会给出其英文简称，有些给出合在前面写上"简"字，有的没有写，建议统一加上"简称"二字。

29. 图表下的"source"部分，"source"有译成"资料"，有译成"资料来源""资料来源"，更加完整一整，拟统一成"资料来源"。

30. 图表下的网址，有些用的是原图示，有的是"网址链接"，有的"图标和网址链接"都有，有的什么的有些写与，还有的没有写出网址链接，有些一些保留原链接。即原文的"网址链接"。通过联系请留意原文补充，这部分内容加在"资料来源"前面。

31. 正文与附录表格相关的内容和文字（如提到"见附录表格……"的部分），见附录 P2、致谢 P1、P114、124、128、135、141、156-157、172、276、282-283、等页），请分别查核主目录和核对，尤其是注意与附录里所指的同一术语。

32. school agency：有译成"学校代理人"，有译成"学校主体"，区分不明确。学校代理人是指什么？不容易懂懂，请翻阅完善。

33. 正文关注中表示出处的"forthcoming"，鉴于参考文献部分为"forthcoming"，关注中……

图3 "主要疑问清单和修改建议"截图

二是和合作编辑沟通、协作。两位合作编辑，一位是前任部门领导，那时已去其他单位任职；另一位是现任部门领导，他有大量二审和部门管理工作要做。虽然他们工作非常繁忙，但还是尽力帮我分担压力，有疑问随时讨论。

三是随时标注。审稿加工中，我贴了很多纸条，写明修改情况，如术语是否核查、统一了，如尚未统一，写明疑点及术语所在页码；统稿时需注意核查哪些地方，哪页上的哪个问题需看了后文再改……这样不仅方便自己回头查看，避免遗忘，也能让二审、三审了解修改情况。这一做法极大地减少了重复工作，节约了时间。

图4　加工中通过贴纸条、写标注的方式互相提醒

五、把握宏观，不放细节，确保图书质量

因时间太紧，尽管译者已很努力，译稿中还是不可避免地存在大大小小的问题，如表格遗漏、上标数字遗漏、术语翻译不统一、译文不准确等。

表格遗漏算是一个比较大的问题，但这个问题很特殊。情况是这样的：确定版权后，原书出版方只提供了电子稿，其中第四章有附录A1和A2。在书稿翻译阶段，他们给了译者一本纸质书，但纸质书中的第四章只有附录A1，没有附录A2。对于这点，我不知情。译者先是照着电子稿翻译，拿到书后，改成照着书本翻译。译者发现了上述问题，但认为以书为准即可，没有译出附录A2，交稿时也没说明这一情况。我没有原书纸质版，对照电子稿加工译稿时，发现译稿少了此附录，询问译者是否漏发了后，才发现这一问题。考虑到书中反复提到"见附录A2"，为便于读者阅读和对照，在跟原书出版方确认了该部分版权后，我请译者补译了这一部分。但该附录有近50页，时间又紧，只能请两位译者分工翻译，这又增加了译文不统一的风险。庆幸的是，此时我已审好附录A1，可以给他们提供参照，有效地避免了再次出现太多不一致的情况。

为提高工作效率和图书质量，根据各章内容，我还建议译者在校样阶段改变之前的分工办法。由于各章篇幅不均匀，考虑到工作量的均衡性，原先的翻译分工是：前言至第二章由一人负责，第三至第八章由六人负责（每人一章），第四章的附录A1和书中最后两个附录由一人负责。这样的分工未能兼顾各章间的联系和译文统一问题（的确难兼顾），导致相同内容如同一声明、同一机构和法规、对同一国家的注释、内容相同的表头等有多种译法；原本内容联系非常紧密的部分，如第四章及其附录，前言至第三章与全书最后两个附录，因由不同的人翻译，相同内容的译文在正文与附录中很不一致，大大增加了工作量。我在加工时花了大量时间做各种统一工作，故在校样阶段，强烈建议译者调整审阅分工，将第四章及其附录交由一人负责，全书最后两个附录和前言至第三章由一人负责，并对照着统改，即相同内容的译文要改就都改，以避免不一致的地方还是不一致，编辑好不容易统一好的地方又被改成不一致。译者采纳了建议，调整了部分分工，并特别注意内容的统改。返回的校样中，相同内容的译文不一致的情况明显少了，大大减少了重复劳动。

　　加工中我们还发现并处理了很多细节问题，如表格中上标数字漏标或错标的情况；做了很多统改工作，如统一机构和常用术语的译法，将"council"译为"理事会"，"committee"译为"委员会"，"high-stakes"译为"高利害"；指出、改正了不少错误（少数错误来自原书），如将"In many countries（e. g. Australia, Germany and England within the United Kingdom）"译为"许多国家（例如，澳大利亚、德国和英国的英格兰）"是不对的，因为英格兰不是一个国家，后将"许多国家"改成"许多国家和/或地区"。

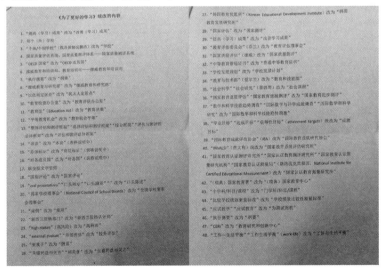

图5　部分统改内容截图

在四个半月内,译者和编辑都付出了极大的努力,加班加点、熬夜看稿是常态,我病愈返岗后,更是处于连续无休的赶工状态。在编辑和译者的共同努力下,在排版人员以及审校、出版各环节相关部门的大力支持下,我们充分利用了有限的时间,未在任何一个环节上卡壳。5月17、18日,我在南京展望(排版公司)完成了最后的对红、定稿工作,并在新书发布会举办前两日交付新书,完成了这项艰巨的任务。

一本书的顺利出版,需要编辑细致、周全地考虑、安排每个环节,也需要各环节相关人员的通力合作。尤其是在面对急稿时,编辑既要有宏观规划、统筹安排,确保各环节无缝衔接的能力,又要有紧抓细节、保证质量的能力。这本书能够顺利出版,是翻译团队、编辑团队以及各环节相关人员通力合作的结果。

就我个人而言,做这本书的过程真的充满焦虑,但回头再看,收获很大。

一是结识了非常好的译者窦卫霖老师。在这次合作中,窦老师的认真、敬业、负责、体贴让我深为感动。在得知我做完手术后不久就投入工作并连续加班后,她多次表示关心和担心,这份关怀和心疼让我感觉非常温暖。窦老师对我的工作和努力给予了充分的肯定,这让我更加自信,工作更有动力。在通力合作与并肩作战中,我们建立了相互信任的关系,并结下了战友般的友谊。此后,我们保持联系,经常交流,窦老师一有好的选题就推荐给我,后来继续合作出版了《数字时代的心智开发:面向21世纪教育的学习科学》《回到教育的未来:OECD关于学校教育的四种图景》,列选了"趋势塑造教育""大学教批判性思维吗?""教育会输给技术吗?"等选题。每次合作,我都从窦老师身上学到很多。

二是体验到了成就感。通过团队的努力,我们可以在短时间内做出一本厚重难"啃"的图书,将不可能变成可能。我作为项目联络人、进度把关者和第一责任编辑,承担的任务很重,压力超大,但也体验到了满满的成就感。

三是锻炼并提升了统筹和执行能力。既要紧盯进度,又要保证质量;既要和译者沟通译文处理情况,又要与合作编辑沟通加工问题,还要注意各个工作环节的协调,这是极大的挑战。这样的急稿很折磨人,也特别锻炼人。很庆幸,我经受住了考验,提升了工作能力。

四是检验了多人合作工作方式的有效性。多人合作时,项目联络人一定要思路清晰,把握重点,目标明确;合作者一定要统一认识,齐心协力。在协同工作中,随时交流沟通、贴纸条提醒,是提升工作效率和确保图书质量的有效办法。

　　五是丰富了工作经验。如因表格遗漏等问题增加了工作量,是一次经验教训,这提醒我在书稿翻译过程中应该经常和译者联系,了解译者在翻译中遇到的问题,这样才可能及时发现并解决问题,提高工作效率。

　　该书出版后,在发新书推文时,我感慨万千,却又不知从何写起。想到那段焦虑无比、忙碌不休的日子,我只写了一句话:"从冬到夏,白天黑夜,将时光刻进书里。"

对出版舆情的一点感受

李良子

[摘要] 在当前的传播环境下,出版舆情频发,教育出版的舆情尤其容易引起关注。教育出版从业者一方面要提升自己的业务能力,另一方面要加强与作者、同事、领导的沟通,力求从根源上避免负面舆情的出现。

[关键词] 教育出版　舆情　编辑

对一般读者来说,编辑至多是版权页上的一个名字,往往会被忽视。对作者来说,编辑可能是帮助提升稿件质量、提出有益建议的人,也可能是成年累月压着稿子却不知道做了些什么、擅改文字还总是犯低级错误的人,还可能是出版社、排版公司的"中转站"和"传话筒"……一本书的出版不能离开编辑,但编辑与读者、作者之间始终隔着一道屏障。在如今舆论环境错综复杂的情况下,编辑应当做什么? 应当如何面对作者和读者?

面对文本,作者要做的是准确表达,而编辑则要从第三方的视角对文本进行审视。作者拿到校样时,往往更容易看到其中的疏漏或错误,却很难发现编辑在背后所做的工作。文字处理只是最为基础的部分。再仔细的作者,写作时也难以面面俱到,尤其是对作品进入流通传播领域之后的结果很难准确预期。诚然,作者创作时完全可以不考虑传播和接受的问题,但在如今的自媒体时代,传播的力量空前强大。作品一旦脱离作者,就将任由受众解读。罗兰·巴特所谓的"作者已死",在当代网络传播中表现得越来越突出。近年来,诸多出版舆情往往被推升到极高层面,引起严重的负面社会影响。这对编辑提出了更高更严的要求。因此,当编辑面对文本时,就不得不从更多的维度进行考量,常有如履薄冰之感,而这些压力可能并不会直接作用于作者。作者兴之所至的表达或信手拈来的引用,都需要编辑花大量时间和精力去仔细斟酌与查证。这些工作隐而不显,读者看到的只是图书的成品和作者的心血。不过,一旦书中出现问题——小到错字、别字,大到思想政治问题——编辑和出版社的存在感就大大增强了。除非作品内容质量本身确实不尽如人意,否则读者的第一反应往往是吐槽编辑水平差或出版社把关不严。

毫无疑问,图书质量出现问题,编辑和出版社必须承担相应的责任。但比质量问题更严重的是,舆情一旦形成,就会有小问题变成大问题的风险,甚至问题的性质会发生根本性的变化,有时产生的影响远远超出问题本身。加之如今网络传播的复杂性,即使存在误传或过分放大,形势也很难扭转,影响更是难以消除,甚至会在部分人心中形成长期的印象,在此后类似情况发生时不断产生回响。编辑和出版社能做的,是尽最大努力把一切可能的问题扼杀在萌芽状态。这就需要编辑在审稿过程中投入更多的精力。

从近年的出版舆情来看,教育出版舆情更容易引发较大反响,并且很容易产生连锁反应。一旦出现一个较大的舆情,随之而来的往往是一波类似的大大小小舆情。其中既有确有问题的,也有一些强行蹭热点甚至恶意解读的。无论何种情况,卷入其中的出版社和编辑都难逃负面影响。而群发性的舆情又会加深大众的负面观感,给整个教育出版行业形成巨大压力。尤其是基础教育,关乎未成年人的成长和国家的未来,是社会、家庭关注的焦点,更要慎之又慎。比起文字,图片的审阅相对更为复杂,也更容易产生问题。近年影响较大的教育出版舆情,多是由图片问题引起的。此前在教辅图书的出版工作中,我已经初步感受到了图片工作的重要性。一切可能在文字中存在的问题,在图片中都有可能出现,如文字错误、知识错误、史实错误等。此外,还有美观性、印刷效果等问题。这些问题比起文字错误更难把握,不可控因素也更多。教材不可避免地要用到大量图片,尤其是艺术教材中,图片所占比例更高,加之一些图片专业性较强,对编辑的挑战更大。无论是文字还是图片,都不能过度依赖作者,编辑要仔细考证,尽最大努力杜绝一切可能的错误。图片的选择、注释和排版,都要仔细斟酌。

教材无小事,教材出版责任重大。作为一个参与其中的新编辑,我经常感到战战兢兢,许多问题难以把握,既要考虑内容的专业性、科学性,形式和表达上的生动趣味性,又要把握导向的正确性,规避潜在舆情。作者往往会从专业角度出发选择素材,质量不能说不高,但未必完全符合基础教育的需要。教材编写组的组成比一般图书更复杂一些,既有相关领域的专家学者,又有一线教师。他们在编写组中都不可或缺,为教材编写提供专业性、适用性等不同角度的保障。但由于角度不同,也可能产生分歧,这就需要编辑与编写组进行充分沟通,帮助编写组把握好选材的方向和尺度。在这方面,我深感自己能力不足,还需要更多地得到领导和同事的帮助,在实践中多加学习,提升审稿中的敏感度。工作当中遇到无法把握的问题,也当及时沟通,多方求教,保证内容的正确性。

在网络媒体高度发达的现今时代,文字传播的速度快、力度强,每个人都可以在自媒体上写文发声,参与讨论。读者也乐于向传统印刷品的"权威"提出挑战,出版舆情更加不可控。相比之下,传统出版在传播方面的力量被大大削弱,一旦出现舆情,通常处于弱势。编辑所能做的,只能是尽量提升自己的能力,尽最大努力从根本上杜绝舆情。但不得不承认,一个人的精力是有限的,编辑无法凭一己之力发现所有问题,更需要加强与审读、校对等各个部门的配合。同时,还要与作者等各方进行充分沟通,互相理解,通力合作。只有每个环节都做得扎扎实实,才能将风险降到最低。

短视频电商背景下对编辑能力要求的思考

姜一宁

[摘要] 在现代技术的推动下,线上渠道已成为图书零售的主要形式,而线上渠道中的短视频电商更是成为码洋增长的新渠道。在短视频电商快速发展的背景下,图书编辑需要根据短视频互动性强的特点,提高自己的审美、沟通、营销等多方面的能力,以期跟上时代的步伐,为读者设计和筛选出优秀的图书产品。

[关键词] 短视频 直播 编辑能力 营销

自 2016 年线上渠道销售码洋超过传统线下实体书店以来,①图书线上渠道发展愈发迅猛,并逐渐划分成传统电商和短视频电商。2022 年图书零售市场码洋规模为 871 亿元,较 2021 年同比下降 11.77%,线下实体渠道和平台电商的图书码洋也同比下降 37.22% 和 16.06%。但短视频电商却实现了正增长,同比上升 42.86%,码洋占比已赶超线下实体渠道,新书占比高于线下实体渠道和平台电商。短视频电商已经成为图书新品宣发的重要渠道。②

以抖音为代表的短视频电商对图书行业来说是新增了一个树立品牌形象、增加读者黏性的渠道,但是这一新兴的渠道对编辑的能力也提出了新的要求。

---

① 2016 年图书零售网店超实体店 新书定价连涨三年破 70 元[EB/OL].(2017 - 01 - 12)[2023 - 05 - 14].http://www.xinhuanet.com/politics/2017 - 01/12/c_129443786.htm.

② 2022 年图书零售市场年度报告[EB/OL].(2023 - 01 - 06)[2023 - 05 - 14].https://mp.weixin.qq.com/s/r2_hTkf8Go7CUKMTG70fFA.

一、短视频电商的特点及其对编辑能力的影响

（一）短视频电商的特点

抖音、快手、微信视频号等短视频平台汇聚大量用户，以多元的场景缩短卖场与用户之间的距离，通过布局形成电商平台，从而诞生了新的零售渠道——短视频电商。该类电商通过"短视频＋直播＋电商"的方式，使用户无须主动搜索，就能在滑动视频的过程中完成购物全流程，具有直观性和互动性的特点。相较于微信图文消息或传统电商的广告图等图片和文字结合的展示方式，短视频和直播将单调的图文转化为具有音效、场景的影视动画，使用户能更直观地了解商品特点、使用方法和效果。另外，短视频电商还具有互动性，用户可以在平台上进行点赞、评论、加入粉丝群等操作，增强用户的参与感。

短视频电商的特点是商家和用户的距离被拉近，商品展示的效率被提高，用户也不再是旁观者，他们可以与出版社、作者和编辑直接互动。对于图书编辑而言，这些特点也让他们能更快地获得用户对图书的一手反馈，能更好地捕捉市场的变化和用户的需求。

（二）短视频电商对编辑能力的影响

短视频电商平台不仅为图书编辑工作提供了便利，还对编辑的能力提出了新的要求。图书不同于其他商品，它是内容的载体，不像家具那样通过视频就能让人想象到使用场景，也不像食物那样通过主播的形容可以体会味道。图书需要读者亲自阅读才能体悟其中的内容和思想，而且每个人阅读每本书的收获各有不同。读书是一件私人的事情。

那么，如何才能利用视频和直播互动性和直观性的特点宣传和推广图书呢？首先，作为图书的第一责任人，编辑需要具有一定的营销能力，也可以称为内容创作能力。编辑要根据不同平台的调性创作出风格各异、符合市场期待的优质内容，包括但不限于视频脚本、实拍图片、广告宣传语等，为图书下一步的发行和宣传提供充足的"弹药"。其次，编辑需要具有一定的审美能力，该审美

能力须与目标读者高度一致,使读者在短视频或直播中刷到该图书时愿意为它在短视频和直播中停留,增加商品的曝光度。最后,编辑还应当有好口才。好口才并不简单地等于优秀的沟通能力,一个人能和其他人保持良好的互动,并不意味着就能在手机镜头前侃侃而谈。如果说短视频还能靠背诵脚本文案来实现,那么直播则是更注重互动能力和个人魅力。编辑通过自己的知识储备、语言逻辑能力及对图书的理解为读者推荐图书,从而促进图书的宣传和销售。

二、对编辑能力要求的现状和未来趋势

(一) 对编辑能力要求的现状

从本质上来说,编辑的工作就是信息的组合,其核心包含信息的筛选、优化组合和传播。但笔者通过研究市场上编辑的招聘信息发现,目前对编辑能力的要求还侧重在信息的筛选和优化组合方面,对信息的传播重视不够。

笔者在 2023 年 5 月 13 日以"图书编辑"为关键词在"前程无忧"App 上检索相应岗位,共找到符合条件的岗位 35 个,删去实习编辑等与本文讨论无关的和重复出现的岗位后,还剩 29 个。在这 29 个图书编辑岗位中,每一个岗位都要求应聘者具有相应的专业和文字能力,但对策划能力、沟通能力、营销能力和审美能力则不是都有要求,其中 93% 要求具有沟通能力,83% 要求具有营销能力,只有 34% 要求具有审美能力。显然,这是无法满足短视频电商对图书的宣传和发行需求的。

(二) 对编辑能力要求的未来趋势

短视频电商为图书行业提供了新的图书零售渠道和新的图书宣传方法,但是要想取得好的效果,离不开编辑的努力。编辑的专业能力和文字能力的重要性毋庸置疑。本次统计的 29 个岗位都要求编辑具有这两方面的能力,这是编辑之所以能成为编辑的"硬能力"。而根据上文分析,在未来的图书营销和发行中,更强调短视频编辑的审美能力、营销能力、策划能力和沟通能力这样的"软能力"。

在招聘市场上,出版社对编辑的营销能力是有要求的,多将编辑的营销工作描述为撰写新书推广文案和配合书展,但这是远远不够的,并不足以支持众多短视频电商中不同客群的口味需求。仅有一家出版社在招聘中要求编辑能"根据平台的推广特点提出营销创意方案,撰写文案,联系图书评论,配合短视频拍摄等工作促进图书发行"。在将来,相信这样的要求会成为图书行业对编辑能力要求的共识。编辑具有营销能力,能助推其图书策划工作。2022年的畅销新书中,渠道定制化的特点愈发明显,容易击中年轻父母教育痛点、适合短视频传播的图书越来越多。编辑需培养自身的营销能力,在掌握不同短视频电商特点的同时能根据不同短视频电商,策划符合该短视频平台用户特点的图书。

沟通能力也是多数出版社在招聘编辑时的要求。但是,该沟通能力多指与作者、译者等沟通,进行组稿、磨稿的能力。随着短视频电商的发展,对编辑沟通能力的要求应不只涵盖线下场景,还将延伸至在直播和短视频中与读者互动的线上场景。

大部分出版社未对编辑的审美能力提出要求,部分提出要求的出版社也仅仅要求编辑"配合图书印制部门,做好图书版式和封面设计等工作"。但编辑对自己责编的图书有天然的理解优势,更容易抓取图书的亮点和卖点。一本书在直播中展示的时间不会长,在短视频中出现的时间也不会太长。如何在短暂的时间内抓住用户的注意力?图书的装帧设计是极其重要的。编辑应培养自己的审美能力,找到适合图书自身和适于在短视频电商平台传播的装帧设计。

三、总结

短视频电商发展迅猛,且其模式中的短视频和直播使图书可以突破原有的受众圈层,使图书营销的范围更广,力度更大,传播更高效直观,读者参与度更高。但短视频电商也对编辑的审美能力、营销能力和沟通能力提出了新的要求。编辑只有努力学习,提高能力,完善自我,才能更好地适应技术的发展,跟上时代的步伐,策划和设计出更符合大众需要的优秀图书。

参考文献：

［1］卢俊,张永美.编辑的本质:从手工业到智能时代编辑能力的迭代［J］.编辑之友,2019(11):80－87.

［2］邱戊琴.直播对图书编辑的启示［J］.新闻研究导刊,2020(24):235－236.

［3］严学军.编辑能力刍议［J］.出版科学,2017(02):47－51.

［4］李伟.浅谈编辑直播人才的培养［J］.出版参考,2022(03):35－36＋34.

"出版＋直播"模式中的对话思维

曹书婧

[摘要] 在竞争激烈的市场环境中,各出版社跨界进入直播领域,"出版＋直播"已成为一种常见的图书营销模式。这一模式为出版行业带来新的发展契机,也给编辑的自我成长予以启示。本文立足"对话"视角,分析直播对作者、编辑、读者的关系重塑,浅谈"出版＋直播"模式中渗透出的对话思维。

[关键词] 对话 出版 直播

作为理论的"对话"最早由巴赫金提出,是与"独白"相对的一种话语模式。独白是指说话者的声音、言语、价值观等的单向输出;对话则强调多个主体并存,形成平等的交互空间。可以说,对话"是以相互尊重、双向互动、交流沟通等为主要特征的话语方式"[①]。在图书出版中,编辑养成对话思维尤为重要。编辑要与作者形成对话,既要深度了解、把握作者的想法,也要敢于向作者表达自己的见解,甚至提出质疑。编辑要与读者形成对话,在向读者清楚介绍图书信息的同时,及时了解读者的阅读反馈与需求。此外,编辑还要为作者和读者形成对话提供条件。

当前的图书编辑与出版处于一个非常复杂的生态环境,知识服务、碎片化阅读、社会生产和生活模式的急剧变革等,都迫切要求编辑实现转型,以适应新时代、新环境。2019 年,"出版＋直播"模式开始出现。到 2020 年,各出版单位纷纷涌入直播的浪潮中,编辑、作者进入直播间,直接面向公众宣讲图书。这一新模式为图书出版行业注入了新的活力,也为编辑带来新的思考。

---

① 王超.从独白到对话:中国文学出版走出去的思维转向[J].中国出版,2018(07):14－17.

一、对话场域中读者的缺位

长期以来,作者、编辑和读者并非平等的交互"对话"关系。读者在三者中相对弱势,甚至是不在场的。在图书的编辑和出版中,编辑与作者会经常进行协调沟通,甚至面对面对话,但作者或编辑与读者面对面进行深度对话的场景较为少见。

一方面,读者的个性化需求被忽视。编辑出版的重要目的就是满足读者的需求,这一点在具体的编辑出版过程中,体现为对相关图书市场的调研。互联网时代为编辑提供了大量的数据资源,编辑只要查阅相关的数据库便能获得想要的信息,比如发行量、库存数据等。这是一种很经济的做法,能帮助编辑在最短的时间内了解市场动向,也能在一定程度上获悉读者的阅读情况,不失为一种与读者的"对话"。但这种对话是间接的、不充分的。数据只能反馈一些普遍性问题,读者的个性化需求还要编辑与读者进行深度对话才能被发觉。

另一方面,读者群体被固定化。读者本身是一个复杂的群体,任何人都可以是读者,但是编辑在做书时只会关注部分特定的读者。比如,编辑通常会将社科类图书的读者设定为某些专业领域的精英或知识分子,将教辅类图书的读者设定为学生,等等。这种做法会使其他读者被排除在对话之外,知识没有实现有效共享,从而导致图书市场变窄。

在解决以上两方面的问题上,编辑可能会有心无力。因为图书有固定的出版制作流程和严格的审校流程,所以编辑不可能将所有时间都花费在与作者、读者的对话上。而且,受空间、时间等客观因素的限制,读者并不能保证在对话中的完整在场。因此,现实生活中要形成作者、编辑和读者平等对话的空间是很难的。"出版+直播"模式则为作者、编辑和读者提供了一个平等对话的契机。

二、直播中"对话"的重构

在网媒时代,出版直播活动在很大程度上颠覆了传统的作者、编辑、读者之间的关系。直播使更多的主体直接参与到网络空间中。所以,以直播为中心可以建立起一种完整的社会交往关系。出版直播正是利用这种特性打破了过去作者、编辑与读者间的信息鸿沟，提供了平等对话的机会，在网络世界中重构了作者、编辑与读者的"对话"。

"出版＋直播"模式能为作者、编辑和读者都在场创造机会。首先，在直播中，作者拥有充分的阐释权。比如在一次直播中，作家莫言进入直播间介绍自己的新作《晚熟的人》，他谈了自己的生活经历、写作经历，而这些内容都是编辑和读者乐于了解的，作者借助直播平台可以充分表达。其次，"出版＋直播"模式使编辑从幕后走到台前，编辑不再是图书背后默默无闻的加工者。他们可以在直播间讲述图书的出版过程，如书名是如何诞生的，封面是如何设计的，审稿中发生了哪些趣事，等等。再次，"出版＋直播"模式维护了读者的话语权。直播中，读者可以通过弹幕留言、评论的方式参与进来，与作者、编辑进行对话。进入直播间的读者，无论他们在现实中是什么身份，都可以畅所欲言，他们拥有平等的发言权。

在直播中，作者、编辑和读者可以在同一个层级或维度围绕图书展开交互对话。他们三者之间的信息能实现有效的融通，读者能获取更多关于图书的信息，作者和编辑也能通过与读者的对话获得许多读者的个体阅读经验。这些图书信息和读者经验在以往的"不平等的对话关系"中是无法获得的。

依托直播重构起的"对话"在图书出版和销售中有至关重要的作用。作者、编辑和读者在对话中容易形成情感认同。与图书密切相关的作者、编辑参与直播，可让读者感受到信任和可靠，作者和编辑因为读者的参与会产生更多的创作热情。在情感认同的基础上，作者、编辑、读者构成一个有机的整体。在这个有机体中，作者的创造力、编辑的生产力、读者的消费力被不断激发。

三、"出版＋直播"模式下的编辑之为

如今，"出版＋直播"已成为许多出版社的常规营销模式，但这种模式在实际应用中依然存在诸多问题，大多数直播间冷冷清清，观看人数少，粉丝互动频率低，购买意愿低。尽管如此，编辑仍有许多可为的地方。

一是强化对话思维，提高个人素质。在图书出版过程中，编辑要意识到"对

话"的重要性,不能闭门造车,要主动与作者、读者进行更为开阔的对话,围绕但不局限于图书内容,可以从多个维度深入了解作者的想法,把握读者的个性化需求,并能从中洞察图书市场潜在的变化。编辑还要有意识地促成作者和读者之间展开对话,充分利用直播,搭建平等对话的平台。此外,编辑仍需通过学习、探究不断提高自身的专业能力,多在图书上下功夫,唯有如此,才能使对话走向深入。

二是观摩优秀直播,提升对话技巧。到直播间面向广大读者讲书,对于长期处于幕后的编辑来说有很多的不适应。面对镜头,有的编辑无法在短时间内组织好语言,吸引并留住用户;有的编辑则像介绍普通商品一样介绍图书,未能突出出版直播的特点。对此,编辑应当多观摩出版行业内优秀的直播间,了解其直播特点,学习直播话术,提高自己的语言整合能力,能在直播中用简短精彩的语言概括图书的亮点,迅速吸引读者,与之形成对话。

三是重视知识输出,转化对话成果。图书本身所具有的知识、文化属性,将出版直播与其他带货式的直播相区分。在出版直播中,读者会问很多知识性的问题,而编辑拥有丰富的专业知识。如果编辑能主动向读者进行知识输出,便能博得他们的好感,从而与其建立稳定联系。在直播时,编辑与读者、作者与读者、编辑与作者的对话中包含许多有意义的内容,这些内容对编辑策划新选题、图书修订等有重要的参考价值。因此,编辑须对这些对话进行整合,并应用到出版工作中,将其转化为实际成果。

"出版+直播"模式提供了一个平等的对话空间,构建了一个新的出版业态。编辑应当积极转变思维,抓住机会,充分利用这种模式开展对话,在对话中寻找新的发展思路。

参考文献:

[1] 冯小宁,宋成."冰与火之歌":直播时代的知识新形态与出版新业态[J].出版发行研究,2019(10):15 - 19.

[2] 环梅.出版直播视角下读者购买意愿的影响机理研究[J].出版发行研究,2021(06):38 - 43.

［3］黄河,董骁.出版直播中的对话时空与关系:基于对话理论的审视［J］.编辑之友,2022(08):39－49.

［4］刘麟霄,杨铮.后疫情时代我国出版直播新业态发展进路［J］.编辑之友,2021(03):35－40.

［5］王超.从独白到对话:中国文学出版走出去的思维转向［J］.中国出版,2018(07):14－17.

［6］颜彬.粉丝文化视域下出版直播的内容生产、情感认同与符号建构［J］.编辑之友,2022(08):50－61.

教辅图书的抖音短视频营销探析

陈江徽

[**摘要**] 短视频逐渐成为自媒体时代最核心的部分,其中,抖音短视频成为互联网的标配。文章详细论述了教辅图书在抖音短视频中的运营现状,并提出了如何提升运营效果及扩大营销力的策略。

[**关键词**] 出版社　短视频　抖音　教辅　图书营销

一、短视频进入"黄金时代"

（一）短视频进入高速发展时期

目前我国的短视频行业正在快速发展。短视频已成为移动互联网的重要组成部分,为用户提供了新的信息获取和娱乐方式。目前,我国短视频行业的主要玩家包括抖音、快手、小红书等平台,这些平台拥有庞大的用户群体和丰富的内容资源。同时,一些传统媒体和企业也开始涉足短视频领域,推出自己的短视频产品。短视频行业的快速发展也带动了相关产业的发展,如短视频拍摄设备、短视频制作软件等。总的来说,中国的短视频行业正处于高速发展期,未来还有很大的发展空间。

（二）短视频的优势

短视频作为一种现代化的媒体形式,相对于传统媒体,其内容形式具有碎片化、生动形象、互动性、高效性和个性化等优势。这些优势使得短视频在现代社会的信息传播和文化交流中扮演着重要的角色。抖音是短视频直播平台中的佼佼者,截至2023年,其日活跃用户量超过10亿人次,领跑各大平台。抖音庞大的用户基础为其提供了强大的流量支撑,成为网络消费的新增长点。图书短视频营销作为其中一种创新的营销方式,可以通过抖音短视频的特点和社交媒体的传播效应来宣传图书,吸引更多的读者,并实现线上流量转化和变现。

二、短视频账号现状及存在的问题

抖音的模式是利用大数据云计算技术,通过分析用户的观看历史,推算出用户最常观看的视频类型,并有目的性地向用户推送相应的视频。短视频通过视觉、声音等多种方式呈现图书信息,将不同种类的图书通过抖音算法推送给不同年龄、不同需求的群体或个体,并利用数据分析和用户反馈优化推广效果。目前看来,头部书业 KOL 抖音账号及达人都取得了优异的成果,但个人以及出版社官方账号的流量却相形见绌,在营销方面也完全无法与之相提并论。

笔者运营的抖音号属于出版社的营销账号,其流量与粉丝量大的个人或 MCN 运营账号差距较大。因此,笔者首先将视频定位于与读者有共鸣的家庭教育,并以真人出镜的方式做了几十期。视频浏览量参差不齐,点赞、收藏量也是千差万别。而后此账号转换风格,主做科普向、教育向视频,由此确定模式。其中,视频浏览量和抖音推广的商品成交量并未达到预期目标。笔者根据自身的经验总结出抖音视频营销效果不尽如人意的原因。

(一)视频同质化

抖音图书内容的同质化是一个普遍存在的问题。很多图书营销者为了追求点击量和流量,往往会模仿其他成功的图书营销视频,导致视频内容同质化、缺乏创意和个性化。这种同质化和一味模仿的现象可能会导致用户的疲劳和厌倦,影响图书营销的效果。同时,一味模仿也会影响出版社的品牌形象和信誉度。

(二)过度营销

一些图书营销视频过于强调销售和推广,而缺乏与用户的互动和情感共鸣,容易引起用户的反感。过度营销可能会导致用户的体验度降低,例如视频中出现过多的广告和推广内容,会影响用户的观看体验和满意度。

（三）粉丝少，黏性用户少

粉丝和黏性用户对于短视频的营销效果非常重要。他们是短视频的主要传播力量，能够提高短视频的转化率、曝光度和品牌形象。目前笔者运营的抖音号粉丝量相比其他出版社抖音号显得极少，视频播放量以及点赞、收藏量惨淡，可见出版社的营销赛道尚未完全转移到抖音。其本质在于对新媒介的被动跟进，传统媒介依然是主流。黏性用户主要集中于铁粉，但铁粉数量较少，不能有效带动粉丝的裂变。这里不仅有自身内容的原因，也是抖音平台被专业团队逐渐垄断的后果，个人号、出版社企业号及出版社官方号的流量无法与专业团队相比，运营包装也相形见绌。

（四）缺乏创意，内容质量不高

很多图书营销视频的时长都比较短，很难在短时间内传递足够的信息和情感，并且很多是编辑兼职操作，不是专业的运营人员。拍摄手法和后期剪辑都很粗糙，不利于视频的传播。笔者剪辑的视频，尽量采用抖音热门音乐，视频动画尽量加入转场动画，希望能增加上热搜的概率。但教辅类视频难以做到一系列的高质量创意输出，导致视频播放量较为停滞，甚至有滑坡的现象。

（五）目标定位不准确

图书营销视频的目标受众必须清晰，不然会导致广告投放效果不佳，浪费广告预算。笔者所需要营销的书籍是教辅类图书，受众主要集中于家长，年龄为30—45岁。视频的风格在笔者运营期间多次尝试改变，平台主页尽量给人以统一和谐的感觉，尽量以专题形式出现，但这些视频本身也属同质化，每个类型基本上定位在科普，虽说主题一致，却无法形成有辨识度的、能吸引人的logo符号。因此，对视频的定位也需要挖掘探索。

（六）缺乏互动和用户参与

如果图书营销视频没有互动，那么可能无法吸引用户的兴趣和注意力，长此以往，会导致用户流失，用户的黏性和忠诚度降低。笔者经营的抖音号可以从几个方面进行分析互动效果。第一是访客数，它与展现量和点击率相关。第二是转化率，图书短视频的目的是将观众转化，它是评判营销策略成功与否的基准。第三是销售额,只有足够多的用户参与并能实际完成营销转化,才能最终体现在销售数据上。令人遗憾的是,这些方面都没有取得尽如人意的效果。

三、如何做好图书短视频营销

(一) 寻找读者

在 Web3.0 的大背景下,营销的本质是在互联网中找人,那就需要以读者为中心,把读者的需求作为导向。所以,短视频的核心需要做到连接用户,加强与消费者之间的交流。短视频不仅需要做到内容优质,更重要的是在生活快节奏的同时,靠那几秒钟直接抓取观众的眼球。这就需要对视频内容做更专业的策划,积极做好视频的留言互动,其中包括观众的话题挑战、参加比赛、与出版社实体进行互动等。

(二) 做好视频内容

从视频标题到视频脚本,从视频配图到视频音乐,从拍摄手法到后期剪辑,每一项都需要精心策划。互联网流量来得快去得也快,如何把用户持久留存是一个值得深思的问题。内容为王,视频不仅要专业美观,更要能吸引用户注意力。吸引注意力首先在于视频标题,这是视频的门面。脚本的设计不能枯燥,风格最好有趣幽默,带有节奏变化。视频的后期制作包括音乐、滤镜、画面提示等,都需要做到精益求精。笔者经常利用热点事件和话题来做短视频,后期会采用更多样化的趣味挑战、社交游戏来展开营销。

(三) 私域营销

图书短视频在积累了一定的粉丝量后,这一群体就成为我们的忠实用户。相比于在公有渠道上进行广告投放,私域营销可以降低成本,提高 ROI(Return on Investment,投资回报率)。它可以直达用户,去除了中间成本,直接将用户与出版社对接。图书的视频营销要做好与读者的互动交流,并能通过用户的口口相传产生粉丝裂变,引发共情消费。

参考文献：

［1］石凤玲.网络短视频的内在价值与核心优势[J].视听界,2019(03):66－71.

［2］席慧,吴庆庆.短视频平台进行图书营销的模式分析[J].出版参考,2018(09):38－40.

［3］石尚,张聪.出版社短视频营销的现状、问题与对策——基于抖音、快手、微信视频号等短视频平台的实证研究[J].青年记者,2021(24):110－112.

［4］赵文雯,李静敏.短视频平台图书营销的策略研究——以抖音为例[J].科技传播,2019(15):5－7.

［5］翟慧慧,娄铭洋.新媒介环境下出版机构私域流量运营策略研究[J].出版广角,2021(23):78－81.

人工智能浪潮中编辑的不可替代性

黄乙蔓

[**摘要**] 随着科学技术的飞速发展,时代日新月异,人工智能技术逐渐发展进化到了比较高的水平,对图书编辑的职业产生了冲击,引发了热议。在此背景下,本文从编辑的工作内容和工作使命两个角度切入,探讨编辑在当前人工智能浪潮中的不可替代性。

[**关键词**] 人工智能　图书编辑　编辑使命

一日走在街头,听到这样一句闲言:"他们编辑有一支笔就行了。"很多人对编辑有这样一个误解,认为我们靠一支笔走天下,吹毛求疵讨人嫌。握着一支笔到处圈圈画画、涂涂改改,不需要动脑,也不需要原创思维,因为稿件是作者写的,版面是排版员排的,除此之外,再无他事。编辑要努力纠错,必然是锱铢必较、吹毛求疵之人,说好听了是与工作的适配度高,说难听了那就是职业病延伸到生活中。迎着新媒体时代的冲击,伴着人工智能的浪潮,随着 ChatGPT 的横空出世,人工智能可以用来校对拼写,纠正语法错误,更加智能的是还能够提供词汇替换、语句替换建议。ChatGPT 甚至能自动化生成文章。人工智能如此全能,知识储量更是远高于人类,那么,人工智能是否能够完全取代编辑呢?

事实并非如此。从历史发展的角度来说,东汉末年就有了编辑的概念,距今已有 1800 多年的历史。这体现了编辑职业的历史厚重感。编辑"立言、存史",在中华优秀传统文化的传承中发挥了不可替代的作用。这个光辉的职业经过历史长河的涤荡沉淀了下来,流传至今,中国有一大批人才在编辑岗位上发光发热,在字里行间辛勤耕耘。

从工作内容的角度来说,编辑工作具有不可替代性。首先,常规的案头工作是人工智能无法取代的。编辑在处理稿件时要考量各种人文和情感因素,根据不同的背景进行判断,依据不同的情况进行处理,还要应对意识形态层面的问题,这些都是人工智能难以精准把握的,因为这种判断力是人类所特有的。笔者作为一名英语编辑,之前也有过作为英语教师的工作经历,在教育教辅类文章的筛选和修改上会更加注重题目的设计、难度的把握,注意学生学习的进阶,而不仅仅关注题目的正误。在英语阅读篇章的筛选中,除了注意辨别阅读文章事实表达的真实性之外,还要牢牢守住意识形态这个底线,不能让一些境外糟粕打着英语阅读的旗号乘虚而入,荼毒祖国的未来一代。更细微的还有,编辑要根据不同的受众,通过调整字体、版式、色彩等为读者带来更舒适的阅读体验。编辑在封面与配图的设计上有重要的指导作用,而人工智能却无法做到。编辑要审阅插画、配图、图注的正误,图片的审美效果,封面、插画与内容的适配度,等等。除此之外,编辑还需具备较强的语言表达能力、写作能力和较高的科学文化素养。虽然人工智能的知识储备量巨大,可以对编辑工作起到一定的辅助作用,但是总体方向仍需编辑来把握。至少在现阶段,人工智能无法完全取代人类编辑的工作。

除了常规的案头工作之外,编辑还要完成选题策划、联系作者、组稿、宣传、营销等方面的工作。一人分饰多角,从选题到编校到设计到营销的每一个过程的角色转换,将一系列工作串联起来,形成一个完美的闭环。选题是一个独立思考的过程,需要大量阅读,结合精巧创新的心思。如若选题方向无人涉足,人无我有,那便更易脱颖而出。人工智能虽然有计算和搜索能力,但是没有鉴赏能力,选题的过程和结果都不是可以量化的。此外,一位好的编辑要具备选题的敏感性和前瞻性,也就是挖掘目前图书市场上还没有出现过的选题,那么试问,人工智能本身就基于现有的数据库来运作,既然数据库中没有,人工智能又如何能够做到"无中生有"呢?所以,只有具备人类思维的编辑,才能"创造"选题。再有,与作者沟通和联系,那更是编辑工作的重中之重,编辑要通过自身所具有的各种人脉和资源去寻找作者,与作者深入探讨选题之后进行科学组稿。这一工作内容,人工智能是永远无法完成的。只有编辑才能够与作者接触、交流、沟通,形成互信互利、相互理解的合作关系,包括前期约稿,中期催稿和问题的解决，还有后期长期的关系维护。如果这一角色由人工智能来扮演，结果可以想见，必定不是很理想。此外，编辑还要对图书设计进行统筹，包括但不限于标题设计、封面设计等。这不禁让我想起林凡凡老师编辑的《发光的骨头》一书。《发光的骨头》的英文原名是 *The Radium Girls*，直译是《镭姑娘》，而林老师和作者则对书名进行修改，最后确定为"发光的骨头"。因为镭的放射性半衰期很长，所以这些因为镭辐射死去的人，她们的骨头可以发光千年。"发光的骨头"一名由此而来，不得不让人感叹作者与编辑的命名之妙。以一个凄美而又奇特的题目描述概括了受到镭辐射女孩们的经历，能够一下子抓住读者的眼球，这就是于每一处细节着眼的编辑巧思，是直来直去的人工智能无法做到的程度、难以企及的高度。

此外，编辑还要负责图书的宣传、营销等工作。这是一个需要深入到市场的角色，事无巨细，事必躬亲，通过新书上架、写书评、发布宣传视频、联系大 V 等方式，进驻抖音、微博、小红书、豆瓣等各大平台，让大家听见、看见。也有不少编辑直接进入直播间化身主播，与读者、消费者面对面交流，介绍推荐图书产品；或与评论区的观众实时互动，答疑解惑；或化身老师，直接讲解教辅书中的知识点。如此这般才能获取更广阔的市场、更广泛的读者群。以上种种，都是人工智能无法通过设定的程序来完成的。除此之外，编辑还要寻找图书营销数据来源进行统计，包括动销量、发货记录、业内评论数、书店的排行和推荐等。虽然可以通过互联网来实现数据统计，但是仍然需要编辑去主动发起，并且根据分析结果及时做出相应调整。在数据统计工作中，人工智能可以帮助编辑来做一个补充，使得数据分析更加准确和高效。

就编辑所承担的使命而言，编辑职业亦是人工智能所无法替代的。作为入社不满一年的新人，我仍然记得第一天到社里进行的笔试考题，其中有一道论述题就是关于编辑的使命和职能。我写到了编辑需要具备细心的品质、过硬的专业知识、扎实的理论功底、对岗位的热爱、良好的道德修养等。这些都是我当时认知到的作为一名编辑所必须具备的。而在我进社后的八个多月来，我发现编辑需要具备的远不仅仅是这些。

首先，编辑要有很高的政治觉悟。教育出版社尤其是教辅分社的产品主要面向的是中小学生,编辑一定要筑牢思想政治防线,守好意识形态阵地,帮助学生树立正确的世界观、人生观和价值观。其次,编辑要有创新意识。文化产业需要创新,尤其在信息爆炸的新媒体时代,我们作为社里的新编辑,一定要与时俱进,紧跟时代步伐。最后,编辑要具备文化使命感。文化是一个国家、一个民族的灵魂。坚定文化自信,建设文化强国,编辑承担着通过图书传播优秀文化的职责,任重而道远。要做好这个工作,除了来自岗位的要求和约束,更重要的是发自内心的使命感。以上这些责任和使命造就了一个人工智能无法替代的角色——编辑。

社会不断进步,科技飞速发展,人工智能技术也不断更新换代,而编辑的创造力、判断力还有价值观都是人工智能无法通过代码生成的。编辑作为作者和读者之间的纽带,与二者之间的情感联系也是机器人无法建立的。当然,我们可以把人工智能作为工具,来提高工作效率,这也是编辑这个有着历史厚重感的职业适应新时代新发展的体现。

编辑,不仅是伏案苦读的文字工作者,还是一线的宣传和营销工作者,更是文化的传播者、历史的传承者。无论是从编辑的工作内容角度还是从编辑的信念和使命来讲,编辑都是不可替代的重要存在。

参考文献:

[1] 蔡鸿程.编辑作者实用手册[M].北京:中国标准出版社,2009.

[2] 王鹤远.人工智能时代出版行业变革初探[J].传播力研究,2018(31):142-143.

[3] 方嘉.人工智能出版环境下的新闻自由与伦理失范现象研究[J].新闻爱好者,2021(11):80-82.

[4] 王元.人工智能与图书出版融合发展研究[J].中国传媒科技,2022(01):57-59.

基于读者定位意识的全流程编辑执行要点探析

——以儿童哲学类图书为例

王　璇

[摘要] 人工智能时代的来临让我们进一步反思,我们需要怎样的教育类图书产品,才能帮助读者拥有应对未知世界的能力? 作为出版一线的编辑则更要思考,如何在某一个教育门类图书的全流程编辑过程中,时刻以精准的读者定位意识,打造优质教育类品牌图书? 本文以儿童哲学类图书的全流程编辑出版为例,论述贯穿读者定位意识,在图书策划阶段、编辑加工阶段、宣传营销和发行阶段的编辑执行要点,并以此打造优势教育图书品牌,获得更好的双效收益。

[关键词] 读者定位意识　全流程编辑　儿童哲学　教育图书品牌

儿童是国家的未来、民族的希望。人工智能时代的来临,让我们在拥抱技术变革的同时,也进一步反思,我们需要怎样的教育,才能帮助儿童拥有应对未知世界的能力? 奋斗在出版一线的编辑,更要在全流程编辑执行过程中,时刻保持准确的读者定位意识,强化图书品牌观念,打造"双效"优质图书。

何为读者定位意识? 简单而言,就是准确分析图书的目标受众,找到图书的精准读者的能力。当下的图书产品面对的竞争已经跳出图书领域,扩展到与音视频等多媒体产品争夺读者注意力的"战场"。作为出版教育类图书的出版社,不仅需要考虑不同年龄段读者的特点,考虑当今多媒体出版的现状,在打造专业性图书的同时,更应该从教育引领的角度,帮助读者培养面向未来的能力。

读者定位意识并不完全等同于根据读者需要打造图书内容。编辑作为连接图书和读者的桥梁,除了从读者需要的角度考虑产品,在满足读者需要的同时,还要通过正确的形式、语言或者手段,在正确的时间,传递给读者正确的内容,真正发挥传播知识和文化、促进社会发展和进步的作用。

一、选题策划阶段:深入分析选题领域,精准定位读者对象

(一) 了解相关领域的各项政策和读者的身心特点

以策划儿童哲学类图书为例,编辑在选题策划阶段,不仅需要了解哲学类图书出版现状,还需要了解关于儿童的各项政策性文件和指导纲要,比如《中国儿童发展纲要(2021—2030)》、《义务教育课程方案(2022 年版)》(以下简称《课程方案》)、《全国家庭教育指导大纲》等。

比如国务院 2021 年发布的《中国儿童发展纲要(2021—2030)》提出:"提升智育水平,发展学生终身学习能力,促进思维发展,激发创新意识。"教育部印发的《课程方案》,从义务教育阶段课程设置和课程标准制定的角度,进一步完善培养目标、优化课程设置、细化实施要求,提出"注重对实际问题的有效回应。遵循学生身心发展规律,加强一体化设置,促进学段衔接,提升课程科学性和系统性",并且列出了义务教育的培养目标。儿童哲学类图书可以提高学生的思维能力,实现学生"有本领"的教育指导目标。

编辑还需要考虑到读者的身心特点,并据此进一步细化读者定位。比如《全国家庭教育指导大纲》根据儿童、青少年不同年龄段的身心发展情况,给出了不同的指导。具体而言,在 0—3 岁阶段,"关注儿童需求",特别指出"分享儿童的快乐,满足儿童好奇、好玩的认知需要,激发儿童想象力和好奇心";在 3—6 岁阶段,"充分尊重和保护儿童的好奇心和学习兴趣";在 6—12 岁阶段,指出儿童的思维特点是"以具体思维为主,逐步向抽象思维过渡",因而要"引导儿童形成按时独立完成任务、及时总结、不懂善问的习惯";在 12—15 岁阶段,"鼓励儿童独立思考与理性表达";在 15—18 岁阶段,"认知结构的完整体系基本形成,抽象逻辑思维占据优势地位",此时的指导更是基于平等对话的立场,并且将"加强儿童美育"这样的高阶思维能力要求提上日程。

（二）结合儿童哲学领域当下研究状况及读者的需求特点，选定内容方向

在选题策划、组稿阶段，在选题的内容选择上，从提纲的确定、样章的修改到定稿，都要考虑到读者的特点和需求，时刻铭记出版使命，同时了解当下儿童哲学研究状况，认清儿童哲学类图书的特点和未来发展方向。根据杭州师范大学儿童哲学研究中心主任、《新儿童研究》副主编高振宇教授的研究，总结出以下三点：

第一，理解儿童哲学观念。既然儿童是天生的哲学家，那作为哲学家的儿童与作为哲学家的成人有何相似与不同？不同年龄段儿童在提出哲学问题、展现哲学思维、发展哲学观念方面到底具有怎样的差异性特点？有没有可能总结出某种发展阶段论？不同历史时期、不同地域、不同民族及文化的儿童是否在哲学上有相似或差异化的表现？

第二，挖掘本土的哲学智慧。目前主要是积极吸收中国哲学的智慧传统（尤其是儒家和道家的传统），挖掘这种传统中的相关理论精华，构建具有中国风格的儿童哲学理论流派。

第三，探究应用的实践策略。目前国内的儿童哲学研究正逐渐走向学科融合和领域融合，并从学校和幼儿园逐渐走向其他公共教育空间。

二、编辑加工阶段：从读者需求出发，注重细节呈现

（一）推敲书名，第一时间准确传达图书信息

比如在编辑加工 *Big Ideas for Little Kids：Teaching Philosophy Through Children's Literature* 一书时，考虑到中国读者的现状，中文版的译名并没有将"Children's Literature"翻译成"儿童文学"，而是翻译成了"绘本"。这是因为中国的童书启蒙大多从绘本开始，原著中的绘本所占比重相当大，绘本 8 本，纯儿童文学作品 1 本。推敲书名，第一时间向读者传递图书的准确信息，基于让更多的读者阅读的目的，将"儿童文学"改成了"绘本"。一来缘于绘本在中国的接受度比文学的接受度门槛更低，二来也可以由此激发普通读者对哲学的

兴趣。毕竟对中国的家长而言,亲子共读绘本总是要比亲子共读文学容易得多。通过改"儿童文学"为"绘本",进一步降低读者对于阅读这本书的畏难心理。

（二） 确定版式风格,突出重点,增加阅读的轻松感

根据图书内容,确定版式风格的时候,编辑需要换位思考,站在读者的角度推敲、斟酌,力求将版式以最贴切原著的形式呈现。还是以这本儿童哲学图书为例,考虑到这本书的读者不仅包括儿童哲学启蒙教师,还包括绘本馆的馆长、一些具备儿童启蒙知识的家长,因而在实际的设计中,选择了双色的形式,活泼的配色加上图表化视图,减轻了儿童哲学教育的"高冷",拉近了和读者的距离。为了突出这本书的实操性和易读性,每一章节都配了与所提及绘本相关的插画,增加读者的代入感。

三、宣传营销阶段:定位读者痛点,解决具体问题

（一） 树立问题意识,帮助读者解决痛点

宣传营销阶段需要将读者的需求具体化,按照"提出问题—解决问题—总结规律"的思路,制定有针对性的策略。比如儿童哲学启蒙,训练的是儿童的高阶思维能力,这是发生在较高认知水平层次上的心智活动或认知能力,包括问题求解、决策、批判性思维和创造性思维等。因此在宣传中,需要强调儿童哲学对培养儿童高阶思维能力的重要作用。

问题意识的产生、问题化的能力,也是批判性思维的体现。编辑在宣传营销的过程中,时刻保持问题意识,保持帮助读者解决痛点的观念,也有助于编辑自身思维水平的提升,通过提出反对意见或指出问题,暴露最初论点存在的局限、缺陷或不完善之处,以达到消除、修改或丰富该论点的目的,从而更好地促进有效营销的实现。

（二） 牢记"树人"观念,讲清楚图书优势,最大化发挥教育价值

教育类图书因其特殊的作用,不同于传统的图书,因而编辑在营销宣传和发行阶段,也须将"树人"观念牢记心中。在将图书的优势传达给读者的时候,

不能夸大图书作用,制造焦虑,而要以问题为抓手,以图书优势为载体,实事求是地帮助读者全方位了解图书,解决实际问题。统观各类政策,对于儿童启蒙阶段的教育指导都将保护、激发儿童的好奇心作为重点,因而在早期的儿童启蒙教育阶段,儿童哲学类绘本的宣传可以从呵护儿童的好奇心入手,强调哲学和艺术的双重引导作用,强调其可以帮助儿童开阔视野、训练思维能力。

基础教育阶段,儿童的阅读由知识类拓展到思维类、哲学类图书,可调动儿童的主观能动性,为更好的学业成就打基础。而从哲学角度引入的对于具体问题的思考,可以使儿童调动其他学科所重视并力图培养的各种技能。在宣传上,也可以有针对性地强调哲学对培养基础教育阶段各种能力的巨大作用。

（三）树立品牌和终身教育观念,为读者打造教育类标杆图书

编辑在宣传营销中,还要树立品牌观念和终身教育观念,打造条线化图书产品,注重选题之间的内在联系,基于引领和培养面向未来的能力的目标,打造教育类标杆图书。

当前多家出版社都打造过一些兼具社会影响力和经济效益的双优儿童哲学类图书,比如广西师范大学出版社"魔法象"打造的哲思绘本系列,包括伊娃娜·奇米勒斯卡的《一半？一半！》等,接力出版社打造的奥斯卡·柏尼菲《社会,是什么?》,读小库打造的"少儿哲学丛书"系列,中信出版社打造的"给孩子的哲学绘本"系列图书,等等。通过对一些问题的哲学化阐释,为儿童提供一种看世界的角度,通过与孩子的讨论、聊天,进一步激发孩子内在的看法、观点、表达欲,从而实现某种程度上的儿童哲学启蒙教育。

终身教育成为当今世界的常态。儿童哲学中"以学习者为中心"的模式,更是顺应时代需要的体现。编辑在宣传营销阶段,应把握时代发展方向,拥抱知识付费、在线教育、开放大学、人工智能对话等,强调儿童哲学对个体的自我成长和群体综合能力提升的重大作用。

乔治·贾诺塔基斯(George Ghanotakis)指出,儿童从幼年开始就应获得批判性思维、反思和判断的自由,能为自己思考,从而免受各种形式的操控,学会将命运掌握在自己的手中。编辑在儿童哲学教育类图书的全流程编辑出版执行过程中,要时刻将读者定位意识贯串每一环节,将对读者的重视、关怀落实到

图书出版发行的每一细节,顺应国家的人才培养战略,助力未来教育。

参考文献:

[1] 邢娟妮,缪心毫.泛媒体语境中学术期刊编辑的问题意识——兼论数字时代学术期刊编辑的主体性建构策略[J].编辑之友,2022(06):81-85.

[2] 马生霞,陈金华,敖静,梁建朋.智慧学习环境下高阶思维能力结构模型构建[J].中国信息技术教育,2023(02):88-92.

[3] 赵振宇.科学研究课题申报的实践与思考[J].现代传播,2012(02):133-135.

[4] 伊莎贝尔·米隆,奥斯卡·柏尼菲.111个儿童哲学思考练习[M].杨落娃,译.桂林:广西师范大学出版社,2020.

[5] 托马斯·E.沃顿伯格.小孩童 大观念——基于绘本的儿童哲学教育[M].柯婷,韦彩云,译.桂林:广西师范大学出版社,2022.

[6] 乔治·贾诺塔基斯.与马修·李普曼的对话——论儿童哲学与智慧教育[M].高振宇,译.桂林:广西师范大学出版社,2023.

关于新课标背景下初中物理教辅编写工作的一些思考

张长省

[**摘要**] 物理学作为自然科学的基础学科,在现代社会中已渗透至各个角落,其重要性不言而喻。初中物理是学生学习物理的开端,初中物理学习习惯的养成直接关系到高中物理学习的成败,因此初中物理的学习至关重要。学生使用的物理教辅是教与学的重要资源,它的编写和使用都受到高度重视。本文在分析比较了义务教育物理新课程标准、中考物理改革、初高物理衔接等方面变化的基础上,为有效落实新课程标准,提出初中物理教辅优化编写的一些建议。

[**关键词**] 课程标准　改革　分层训练　衔接　初中物理教辅

一、物理新课标改革方向与调整内容

课程标准是教学的纲领性文件,是课本和教辅编制、评价以及考试命题工作的依据。作为义务教育学科制度的重要内容,《义务教育物理课程标准(2022年版)》(以下简称"2022年版物理新课标")的出台,标志着我国中学物理教学改革步入新时期,必将对未来十几年我国中学物理教育和考试评价工作产生重大影响。为了帮助学生在新课标下更好地学习并掌握物理知识,推出与之相适应的物理教辅材料已迫在眉睫。

(一) 新增"实验探究"主题

2022年版物理新课标将"科学探究"上升为核心素养的一个方面,直接归入课程目标,这样就对"科学探究"素养目标对应的载体提出新的要求。新增的"实验探究"主题突出了物理课程实践性的特点,该主题的学业要求和教学提示有助于老师们在教辅资料的编写过程中整体设计实验的进阶要求。

（二）新增"跨学科实践"主题

2022年版物理新课标的课程内容框架中，与此前课标相比的最大变化是新增了"跨学科实践"主题。这就要求老师们在编写教辅资料时将跨学科实践主题恰当地编入其中，比如设计利用所学的物理知识，并结合数学、生物学、化学等知识，解决现实情况下的复杂问题，实现物理与数学、生物学、化学等多学科的联动。

二、中考物理改革趋势及物理教辅优化编写建议

2022年4月6日，教育部办公厅发布《关于做好2022年中考命题工作的通知》，要求到2024年实现中考省级统一命题；并指出，要科学合理设置试卷难度，既要防止试卷过难增加学生学业负担，也要避免试卷过易难以体现区分度。这就对今后教辅资料的编辑出版提出了新的要求。下面以初中物理教辅为例，浅谈新形势下物理教辅的优化编写。

（一）选材突出知识点的同时注重生活与实际应用

物理教辅图书要突出基础知识点，并注重物理知识的扩展与实际生活应用，增加物理知识与日常生活、现代科技紧密结合的元素，注重从物理教材、现实生活、科技新进展和跨学科实践中选材；让学生在做题的过程中了解物理在生活中的作用，保持和增强学生对生活和自然界中物理现象的好奇心和探究欲。

（二）设计多样化的习题类型

除了传统的"选择题""填空题""计算题"等基本习题类型外，还可以设计一些开放性习题，加入一些有趣的实验等，以激发学生学习物理的兴趣和积极性。比如上海教育出版社出版的基础性作业——《物理作业》中就加入了实验制作类和实践研究类作业等长周期作业，通过实验探究等活动，激发学生学习物理的积极性。如该套书九年级下册有一道题让学生制作从海水中收集淡水的装置并说明原理，该题对学生的动手操作能力和语言表达能力等都提出了较高的

要求。这种类型的习题在教辅图书中或应有所体现。

（三）设计分层教辅资料，满足不同层次学生的学习需求

以上海教育出版社出版的《中考物理分层训练》为例，该套书很好地解决了分层的问题。《模考水平》难度不大，适合基础知识不扎实的学生使用，此书从源头剖析考点，帮助学生掌握基础知识和基本概念；《中考水平》难度有所提高，适合中等水平的学生使用，此书可以帮助学生掌握中考物理的重难点，从而在此基础上对物理问题进行深入探究；《名校冲刺》拓展知识较多，适合物理学科基础扎实、学有余力的高水平学生使用，助力圆梦重点高中。通过对教辅资料分层，可以服务不同学情的学生，有利于帮助不同水平的学生解决物理学习问题，让不同程度的学生均有收获。

（四）注重增补初高物理衔接内容

不少学生初中物理学得很好，中考物理可以拿到高分，但是一到高中就跟不上了，学起来很吃力，感觉跟初中学习的物理不是同一个东西，甚至出现考试成绩不及格的情况。这是为什么呢？因为初中物理只介绍一些简单的知识，高中物理学得就比较深入了。比如在力的合成这一知识点的学习中，初中只学习同一直线上二力的合成，高中则学习不在同一直线上二力的合成和共点力的合成，对学生的理解能力和运算能力都有比较高的要求，难度和初中的二力合成完全不在一个层面上。初中物理和学生的日常生活联系比较紧密，但是高中物理更注重概念、模型的建立，偏理论化、抽象化。因此，为帮助学生巩固初中物理学科知识，打好高中物理学习的基础，在初中物理教辅资料的编写中要加入一些初高衔接的知识和习题。

三、基于初中物理教辅图书编辑角度的思考

在令人眼花缭乱的初中物理教辅图书中，质量优秀的不在少数，但也不免夹杂着一些粗制滥造的"问题"图书。当前初中物理教辅图书存在的问题主要有以下几点：(1)同质化比较严重，很多教辅图书都是千篇一律的"讲、练、测、考"，题目出现大量的重复，大都选用了中考物理真题，原创题目很少，缺乏创

新;(2)题目太老,笔者审读的一本初中物理教辅中用了十多年前的中考题,与现在的考试要求严重不符;(3)编校质量低下,错误百出。有鉴于此,须高度重视教辅图书质量,其中编辑的作用显得十分重要。要出好教辅图书,编辑的工作不能仅仅停留在修改错别字和标点符号上,而应朝"复合型"方向发展,不断学习,及时充电,更新自己的学科专业知识;在日常工作中注意每个细节,当遇到容易出错的地方时,尤需多加留意,尽最大可能减少差错。

四、结语

初中物理教辅图书是初中物理教学中的辅助工具,在教师的教学活动和学生的学习过程中扮演着重要角色。新课标背景下初中物理教辅的优化编写要从初中学生的实际出发,紧扣新课程标准,体现应用背景,考虑习题多样化,设计分层资料,关注初高衔接。

参考文献:

[1] 陈运保,曹小利,唐栋.我国初中物理教辅的结构与功能研究[J].湖南中学物理,2013(10):10-13.

[2] 彭晓云.核心素养理念下初中物理教辅资料功能实现的调查研究[D].苏州:苏州大学,2020:47-49.

[3] 陈运保.我国初中物理学生辅助用书的结构与功能研究[D].重庆:西南大学,2007:95-97.

[4] 汤清修.把握物理课程改革新方向——解读《义务教育物理课程标准(2022年版)》的主要变化[J].全球教育展望,2022(06):75-84.

浅析教辅图书在市场中的生存法则

谭桑梓

[摘要] 目前,教辅图书正在发生变革,教辅产品逐渐市场化、产品化。教辅类图书作为学生学习、教师教学中必不可少的辅助,它的市场需求一直较为稳定。但是,随着科技的发展,同行业间不断内卷竞争,教辅市场也发生了一些改变与创新。面对市场中日益增长的需求,教辅产品必须随着市场的变化而变化,在稳定中求变,在创新中求稳,在变化莫测的市场中努力生存下来。

[关键词] 教辅产品　增值服务　需求

近年来,教辅市场正在加速变革,教辅产品变得多元化、精品化、快销化、产品化、原创化。作为图书市场上的刚需产品,教辅产品长期占据着热销品类前三名。走进各大书店和图书卖场,常常能感受到教辅售卖区人流量最大,售卖展示面积也最大。如今,在新政策和新需求的双重推动下,教辅产品正在快速拥抱变化,但是市场局势变幻莫测,想要在夹缝中求生,还是要找到并解决图书市场的本质问题。

一、存在的问题

繁荣发展的教辅市场中存在风险问题,市场本身就有不稳定因素,再加上出版社对市场宏观掌控不够,对市场具体情况缺乏充分了解,所以会产生信息不对等,导致产品不符合市场需求,最后被淘汰的风险。

就拿我社的《中考复习信息快递》举例,在产品营销方面还是存在问题与矛盾。首先,同类图书层出不穷,竞争激烈,消费者有了更多的选择。其次,中心用户的数量在下降。我们的中心用户主要是乡镇的初三毕业生,乡镇学校的资源相对单一,对我们的产品需求很大。但是,乡镇学校的数量却在逐年递减,学生数量减少,一定程度上影响了我们产品的销量。再次,现在学校开始"双减",对各类教辅产品的把控严格;还有,在销售的后续阶段分发不到位。最后,教辅图书进校困难,有效宣传教辅产品的难度加大。这些问题都是客观存在和亟待解决的,该如何在五花八门的教辅市场中脱颖而出呢?我认为,优质的内容和优质的服务是保证教辅图书在市场中不被漫天洪水淹没的绳索。

二、出色的内容质量

教辅图书是教材的延伸产品。由于社会竞争激烈,家长很重视孩子在学习上的投入,因此,教辅类图书在市场中占有十分重要的地位,也是图书市场中竞争较为激烈的领域之一。在巨大的利益驱动下,各大出版社和民营书商纷纷参与分食"蛋糕"。在各种竞争下,最重要的是做到在内容上符合学生的学习需求,优质的编写质量是教辅产品销售的基础保障。比如《中考复习信息快递》这个系列的教辅图书,已经有近 24 年的历史,是一套每年更新、及时传递应试信息的备考读物。目前开发了 5 个版本,每个版本都是针对各地的中考考试大纲编写的,邀请的作者是熟悉中考的省教研员、中考命题组成员或者高级中学的一线教师。在内容编写上是经过市场检验的,内容质量贴合学生中考需求,编写过程中考虑到中考复习节奏,从基础知识到专题复习,最后再进行模拟冲刺,完全符合学生一模、二模、三模的复习计划。

三、配套的服务措施

面对市场上种类繁多的教辅图书,使用教辅资料的选择权交回到了学生、家长和老师的手里。激烈的市场竞争促使我们除了提供优质的内容外,还要给产品赋予更多的附加价值。

（一）线上增值服务

传统纸媒的形态是静止的,内容是固定的,而且阅读方式是平面的,为了适应现代出版的要求,纸质教辅图书需要搭建同数字出版进行对接的桥梁和平台。随着科技的发展,用户对教辅资料的阅读需求也在不断增长,既要内容优质,又要方便实用。目前,有很多教辅图书进行了电子化转型或者增加了线上增值服务。比如,增设二维码,在二维码里面放置除了纸质图书之外的教辅内容,可以是音频或者视频,为用户提供无形的"老师"。这不仅提高了图书本身的利用效率,而且提高了产品在市场中的声望和口碑,对读者和出版社是双赢的效果。或者是建立电子题库,能满足读者个性化的需求。读者还可以通过电子题库进行个性化"自诊断",对练习进行错误分析,查找学习中的不足,以清楚了解自己没有掌握好的知识点;针对薄弱知识点进行针对性训练,提高练习效率而无须花大量时间重复做已经掌握的练习;对读者的学习过程和结果进行深度和横向的比较分析,让学生、家长和老师深入了解学生学习情况,以便更好地指导学习;等等。总的说来,读者获得增值服务的"面"可以是全覆盖的,即从理论上讲,读者只要购买纸质图书,就可以得到这种增值服务,并使图书出版商、图书经销商、增值服务提供商实现共赢。

比如,《中考复习信息快递》的线上增值服务有:(1)组建 QQ 群,定期上传中考、高考的复习资料;(2)组织名校名师做线上公益类讲座或者是中考前备考策略讲座;(3)增设考前心理辅导咨询模块等。

（二）线下增值服务

除了丰富的线上增值服务外,线下增值服务也需要我们进行翻新和加强。要做到了解用户需求、发现用户需求、激发用户需求、满足用户需求,从而让我们的教辅产品深入市场,赢得市场。

《中考复习信息快递》的线下增值服务有:(1)组织名师进校做公益类讲座;(2)为学校提供学校间学术研究、交流探讨的平台等。

四、结论

针对《中考复习信息快递》的上述问题,可以采取以下措施。第一,可以扩充中心用户,把原先乡镇学生扩充到城镇学生。当然,这需要充分进行市场调查,教学进度不同和有更多选择的参考资料都需要我们充分了解。第二,可以争取进入当地学校用书目录,方便进校宣传。第三,优化产品内容,使其更加符合学校教学、复习进度。

总而言之,懂得用户需求并满足用户需求的产品,将会成为市场的占有者,教辅图书需要适应未来,主动求变。如今教辅市场的用户需求变得更加个性化。想要赢得用户的信任,就必须先从改变自身做起。面对优胜劣汰的市场,我们需要优化内容,提高服务,满足需求,充分制造被消费者选择的理由。

参考文献:

[1] 陆耀东.教辅图书基于数字出版的增值服务[J].出版科学,2014(04):89-91.

[2] 袁忠芍.教辅图书市场的现状和未来走向分析[J].传播与版权,2015(04):35-36.

我和"科学的故事"的故事

李　祥

[摘要]"科学的故事"系列丛书以科学大师为切入点,采用了故事叙述的呈现方式,具有很强的阅读性和深刻的思想性。"科学的故事"出版背后同样有故事,故事中有编辑多年的坚持、细致的策划、精心的打磨,以及编辑工作中的辛劳和喜悦。

[关键词]　科普　选题策划　坚持　合作

"科学的故事"系列丛书共五本,是迄今为止我编辑策划的科普书中获奖最多的:2015年国家出版基金,2019年上海市优秀科普图书,上海市科普作家协会2015—2019年度优秀科普作品,2020年上海科普教育创新奖科普成果奖二等奖,2021年第十六届上海图书奖二等奖。这些奖项对于专门从事科普策划的编辑来说或许算不得什么,但对于我这个教材编辑来说,已经是莫大的鼓励。当然,它也是我做得最用心、最辛苦的一套书,背后的故事真的不少。

一、三年的守候

"科学的故事"系列丛书的英文版样书早在2011年就已经摆在我的桌子上了,当时只做过教材和教辅的我实在没有勇气向社里提出这个大部头的引进版选题,这样一放就是三年。其间,我也咨询过不少老师和编辑,他们大都认为引进成本比较高,市场前景不会很好。但我认为,这本书是美国科学教师协会推荐的课外读物,图文并茂,写法新颖,兼具科普和教材的双重功能,非常适合我国的中学生阅读,可以弥补他们在科学史和科学素养方面的不足,所以始终对它念念不忘。

到了 2014 年，我感觉不能再等下去了，终于鼓足勇气，向分管领导交了一份内容详尽的选题策划书，并且信誓旦旦地保证在经济方面不会亏本。不过，我也深知其中的困难和风险。首先，此前我社几乎没有做过这么大部头的引进版科普书（总共约有 150 万字）缺乏编辑策划和市场营销的经验。其次，除了翻译费外，版权费也是一笔不小的支出。还有一个更大的问题是，书里的彩色插图有 2000 幅之多，而且很多是珍贵的历史照片，插图的购买费用远超版权费。

分管领导考虑了好几天，最终同意了这个选题，但一再叮嘱我把所有的问题都考虑周全，希望把这本书做成引进版科普图书的标杆。由于插图的购买费用高达 10 万元，我们决定只购买该书的文本版权，插图我们自己配。说实在的，我当时根本顾不上考虑后期配图的艰辛，高兴极了，三年的等待终于有了满意的结果。

二、难产的书名

如何取一个既响亮又叫座的中文书名，从版权合同签订的那一刻起，就一直困扰着我。

这套书的英文丛书名是 The Story of Science Series，三本分册的标题分别是 *Aristotle Leads the Way*、*Newton at the Center*、*Einstein Adds a New Dimension*。如果直译的话，丛书名应该译成"科学的故事"。对此，科室的同志意见各异。有的认为"科学的故事"这个丛书名挺好的，通俗好记，易于传播；有的则认为太过普通，应该起一个更有冲击力的标题。

大家对丛书名的意见还没有统一，接着更棘手的问题来了。分管领导建议将原版的 3 册拆分成 5 册，因为原版的 3 册厚薄不一，第二册和第三册的厚度几乎是第一册的两倍，如果将第二册和第三册拆分一下，这样 5 册书的厚度就差不多了，而且作为丛书更有规模效应。这个想法确实很好，但如何拆，拆分后各分册的书名如何取，又是非常大的难题。在仔细研读第二册和第三册后，我发现第二册的前半部分主要是讲牛顿的功绩，后半部分主要是讲麦克斯韦的贡献；第三册前半部分的核心内容是量子力学，后半部分的核心内容是相对论。将第二册和第三册对半拆分，这样 5 本分册仍旧分别以一个伟大的科学人物为核心来展开,仍然符合原来 3 册书的设计思想:第一册的核心人物是亚里士多德,第二册是牛顿,第三册是麦克斯韦,第四册是玻尔,第五册是爱因斯坦。拆分后的 5 本分册厚薄基本一致,按照科学发展的历史阶段和重要科学理论的形成过程,组成了一套相对完整均衡的系列。

对于丛书名,我们在大量调研国内外的科普图书和畅销书后,决定还是采用"科学的故事"这一名称,虽然比较通俗,但比较真实地反映了书的内容和主旨,以故事的形式来阐述科学的产生、演化和发展历程。后来证明,这一决定还是比较正确的,越简单越容易传播,读者首先记住的还是"科学的故事"这个丛书名。2020 年,清华大学吴国盛教授也出版了一本以《科学的故事》为标题的科学史图书,这更加证明了我们当初决定的正确性。

相对于丛书名,5 本分册标题的确定则比较难,花费的时间也长得多,因为很难找到既能反映本书内容又令人眼前一亮的标题。虽然几易其稿,但始终未能想出合适的书名,直到发稿前的半个月才定下大家都比较满意的书名:《科学之源——自然哲学家的启示》《科学革命——牛顿与他的巨人们》《经典科学——电、磁、热的美妙乐章》《量子革命——璀璨群星与原子的奥秘》《时空之维——爱因斯坦与他的宇宙》。

三、精心的打磨

也许是因为这套书列选实在不易,也许是因为引进这套书花费了数额不菲的外汇,我从一开始就以教材的标准来做这套书,希望把它打造成科普精品,因此在书稿内容和装帧设计方面下足了功夫。

(一) 书稿内容

在保证科学性的前提下,编辑加工更注重语句表达的适切性和可读性,因为该书的适用对象主要是中学生,所以我们对照英文原稿对译稿进行了逐字逐句的优化和润色。此外,我们还邀请两位外审专家曹磊(上海初中物理教材分册主编)、曹长青进行审读修改,光审读就花了半年多时间。

该丛书总字数为 150 多万,里面涉及大量的人物、地名和专业术语,我们按照《世界人名翻译大辞典》(新华通讯社译名室编)、《世界地名翻译大辞典》(周定国主编)逐一进行核对、修正。

书中涉及部分地图,既有古代的也有现代的。当时编辑对于一般图书中的地图不太关注,但我们依然丝毫不敢马虎,决定全部送审。虽然这可能会耽误出版进度,花费也高达 3 万元,但我们认为这样做是完全值得的,因此这套书的版权页上是有审图号的。

书中还涉及与基督教、伊斯兰教等宗教有关的内容和插图,我们抱着严肃慎重的态度,向上海市民族和宗教事务委员会(2018 年 12 月更名为上海市民族和宗教事务局)提出了审查申请,并通过了审读。

(二)装帧设计

我们采用了英文原版的版式,因为原版的版式生动活泼,富于创造性。但对于字体的选择,我们着实花费了一番心思。经过反复比较,正文字体决定选用较为纤细的仿宋,而放弃了比较粗重的宋体,主要是考虑到这套书的阅读对象是中学生。科学史类图书对青少年来说通常是比较严肃的,所以我们希望借助字体上的些许变化给学生带来视觉上的冲击,让他们感觉科学史"看"起来并不是那么枯燥严肃,同样可以很轻松愉悦,从而吸引他们读下去。美术编辑在封面设计上进行了大胆创新,采用了明快的色调、变化的字体和富有历史感的插图,使得该套书既庄重大方,又生动活泼。

对于纸张的选择,需要考虑的因素也很多,如图片呈现效果、阅读体验、价格等。最后,在出版科老师的建议下,我们选择了 100 克纯质纸作为正文用纸,既能体现科普图书的庄重大气,又不失阅读视觉的亲切柔和。而且,利用优质木材纤维制造的纯质纸散发着自然的气息,在带给学生良好阅读体验的同时,还能渗透绿色环保理念。

四、意外的收获

这套书让我深刻体会到了编辑工作的艰辛和乐趣,尤其是三个意外让我特别高兴,体会到了满满的成就感。

一是这套书实现了社会效益和经济效益的双丰收。原来我的想法是不亏本就行,没有想到这套书重印了三次,达到了 12000 套(这套书的定价很高,达

450 元/套）。而且，丛书获得了国家出版基金的资助，这确实是开始我没有想到的。

二是插图。原来我们只是和对方签订了文字版权，没有打算购买图片。后来我们测算了一下，如果自己配图，不仅插图很难找到，即使找到也不一定合适，总费用也不会便宜多少，工作量还增加了很多。2016 年，在书稿已经翻译完成后，我抱着试试看的态度再次联系了对方，希望能够购买图片。令我意想不到的是，图片的报价从原来的 10 多万元一下子降到 1 万元，这下可把我高兴坏了，真是天上掉下了馅饼。

三是作者对中文版非常满意，出于信任，她把自己的新作《发现生物》英文版和中文版全部授权给了我们。更令我们开心的是，2019 年 11 月 22 日，作者的女儿到上海出差，专程来我社拜访，代表作者表达谢意。

五、切身的感悟

回顾这套科普图书的出版过程，感触颇多，总结起来主要有以下两点。

一是坚持。如果当初自己放弃了，也许就真的错过了，正是这不放弃的精神，再加上社领导的大力支持，才让这套科普好书得以和我国的中学生见面。所以，即使是一个没有多少经验的新编辑，也千万不要轻看自己。和十几年前相比，现在编辑所接受的职业培训更加专业了，获取信息的渠道也更多了。一旦认准某个选题或方向，绝不要轻言放弃，要相信自己，努力坚持，就一定会成功。

二是合作。出版这套书的工作量是非常大的，从译者的选择、基金的申报、稿件的编辑加工到后期的宣传，都要耗费大量的时间和精力。不过还好，我不是一个人在"战斗"，我们是一个团队在工作。大家齐心协力，一起出谋划策，认真做好各个环节的每一项工作：有的承担国家出版基金的申请工作，为该丛书的顺利出版奠定了坚实的经济基础；有的花费大量的时间和精力修改书稿，显著提高了书稿质量；有的主动撰写申报材料，使得该书荣获多个奖项；有的设计了丰富的宣传方案，有力促进了该书的市场销售。当然，还有社里其他科室同事无私的帮助和支持，版权部、装帧室、校对科、审读室、出版科、市场部……在这个过程中，我们有过不同意见，有过争论，但目标是一致的，就是力争把它做成科普精品。我想，如果这套书只有我一个人在做，可能某一方面能做好，但整体上肯定做不好，也就不会取得那么多的成绩。

当然，对于这套书我还是有不少遗憾的，前期策划做得不够充分，后期的宣传推广和深度开发方面还做得远远不够，比如数字版权当时就没有签约，导致后面无法开发数字资源。期望这些经验和教训能帮助我在以后的编辑出版工作中不断进步。

字间留痕

教材之窗

教材无小事，编辑担大任。我社一直积极参与上海和全国的课程教材改革，荣获首届"全国教材建设先进集体"称号，出版的多套教材获得全国优秀教材奖，《真正上海数学》输出到英国，牛津英语教材实现本土化……这些成绩的取得来自一代又一代教材编辑的辛勤付出、默默奉献和孜孜以求。

中小学教材编辑如何提升业务能力

施永琴

[摘要] 中小学教材和广大中小学生的成长息息相关,因此中小学教材编辑承担着重要的社会责任。在新时期国家课程改革的背景下,教材出版对编辑的要求更加严格,培养能力强、素养高的优秀教材编辑队伍,对促进教育改革尤为重要。本文从思想、专业、技术、服务意识和学习精神等五个层面,分析教材编辑提升业务能力的途径。

[关键词] 中小学教材　教材编辑　业务能力

教育政策、课程标准、教材和师生是相互关联的,教育政策指引着课程的改革,课程的改革通过课程标准来体现,中小学教材承载着教育理念和课程标准的思想,是连接课程标准和教学实践的桥梁,影响广大中小学生的成长。因此,中小学教材编辑承担着巨大的社会责任。在新时期国家课程改革的背景下,教材出版对编辑的要求越来越严格。中小学教材编辑必须提高职业素养,要有强烈的政治使命感和高度的责任心,要具备扎实的学科专业能力,要有精益求精的工作态度。教材编辑可以从思想层面、专业层面、技术层面、服务意识层面、学习精神层面着手,不断提升业务能力。

一、思想层面

(一) 教材编辑要有强烈的政治使命感和高度的责任心

教材是国家意志的体现,关系到对广大中小学生的培养,教材无小事。中小学生是教材最直接的使用者,教材质量关系到学生的健康成长。因此,教材编辑的责任重大,必须具有强烈的政治使命感和高度的责任心。对待教材编写工作,除了在文字方面精益求精,还应在教材的政治性、思想性、科学性等各方面加强把关。

（二）教材编辑要有出色的沟通能力

教材编写涉及出版社、主编、编写团队、合作方等多方人员的合作,编辑要重视对内、对外的有效沟通和交流。对内要善于和出版社各部门同事沟通,才能进行有效的协作。对外则要与教材主编、编写团队、教材审定者、使用者进行良好的沟通与交流,保证教材编写工作顺利进行。教材编辑必须做好组织工作,要有较强的沟通和组织协调能力,协调好作者、审定者和使用者各方面的关系,解决编写、出版、使用过程中出现的问题。

（三）教材编辑要有强大的抗压能力

教材编写工作通常是严肃、紧张的,对编辑的心理承受能力和抗压能力有较高的要求。教材编辑要学会将工作中的压力转化为动力,不断地提升自己的抗压能力,以保持良好的心态,积极投入教材编写工作。教材编辑可以了解一些心理学知识,对自己的情绪、心理变化的原因有一定的认识,有意识地调节心理状态;学习一些情绪管理的方法,更好地排解工作压力。

二、专业层面

教材编辑既要具有责任编辑必备的素养,还要具备扎实的学科专业能力,拥有不断提升教材编写水平的业务能力。教材编辑可从以下四个方面着手提升专业能力。

（一）教材编辑要深入学习国家教育政策和学科课程标准

教材是依据国家教育政策,严格按照国家颁布的学科课程标准来编写的。教材编辑必须熟悉本学科的课程标准,才能在对教材的加工和整理中做到恪守"标准",编制出符合课程标准的教材。教材编辑应深入学习国家的相关教育政策,研究课程标准,了解最新教育改革动向和各类与教材相关的政策法规,将相关理论学习成果运用到教材编写和教材体系的建设中,编写出更具时代性、科学性、实用性、规范性和开放性的教材。

（二）教材编辑要了解学科现状，关注学科前沿

教材编辑要站在学科领域的前沿，了解并关注学科动态，了解学科理论的建设与更新；同时，要深入教学一线，了解教学最新动态和发展。要围绕课程、教材、教学、教研等多个维度，有针对性地学习相关理论知识，并将这些理论知识运用到教材编写工作中，以保证教材充分反映教育、教学理论发展的新方向。

（三）教材编辑要掌握教材编写的方法和原则

各个学科的教材有其特定的编写方法和原则，教材编辑要深入了解本学科教材的编写特点，学习并掌握编写教材的基本方法和原则。以英语教材编写为例，《义务教育英语课程标准（2022 年版）》指出，英语教材既是英语教学的主要内容和载体，也是对学生进行思想品德教育的重要媒介。英语教材的活动要以语言实践活动为主，设计多样的听、说、读、写活动，丰富学生的学习经历，让学生在学习语言知识、培养语言技能的同时，形成积极健康的生活态度以及正确的人生观和世界观，了解中西方文化差异，增强文化自信。教材在给予学生国际视野的同时，也要注重培养学生的家国情怀。

（四）教材编辑要研究同类教材，取长补短

教材编辑要研究教材，了解本学科教材的编写特色，进行分析比较，从而了解本学科教材的总体水平，取长补短，借鉴优质教材的编写经验，提高教材编写质量。没有一套教材是适合所有学生的完美教材，但是教材编辑可以通过自己的努力使教材质量不断提高，使自己编辑的教材成为同类教材中的佼佼者。

三、技术层面

（一）教材编辑要掌握融合出版的理论与知识

当前，网络信息和多媒体技术在教学领域广泛应用，除了教材，教师和学生还可以通过网络获取信息。同时，课堂教学技术也发生了较大的变化，教师讲课早已不是简单地播放 PPT，而是借助教学软件，在课堂上呈现丰富的媒体资源，和学生有大量的借助多媒体技术手段的互动。根据这些教学变化

趋势,现在的教材不仅要有纸质版,更要有音频、视频、互动练习等数字化的呈现形式,融合传统纸质媒体和数字媒体优势的立体化教材才更符合一线教学需求。

打造复合型教材、立体化教材的需求,给教材编辑带来的是技术手段和工作方式的改变,更是编辑理念的更新和变化。教材编辑要将这些观念、意识和理念内化于心,外化于行,贯穿教材编写出版的全过程。基于此,教材编辑要创新编辑理念,增强教材立体化、数字化的意识,掌握纸质与数字融合出版的理论知识,不仅要注重教材内容上的创新,还应注重教材形式上的创新;根据教学需要,以教材的纸质内容为基础,选择其中适合用数字化呈现或拓展的内容,并确定数字化呈现形式,包括动画、视频、音频、在线互动练习等,将内容和数字化形式结合,打造符合新时代教学需求的立体化教材。

（二）教材编辑要懂基础设计知识

好的教材,内容和设计应该相得益彰。仅仅做好教材的内容而没有好的设计是不够的。如果说内容是教材的核心竞争力,那么设计就是能提升教材核心竞争力的重要因素,不容忽视。以中小学英语教材为例,一般都有插图,尤其是小学教材,图片非常多,版式设计也很有讲究。教材一般都按单元编排,每个单元包含多个栏目,栏目与栏目之间如何承接,如何通过版式来体现不同栏目的不同功能,是需要教材编辑精心思考和设计的。教材编辑要重视教材的设计,在策划初期就要考虑整套教材的设计,使教材的设计具有鲜明的特色。无论是封面装帧还是栏目编排、内文版式、插图,都要精心设计,才能将教材内容以最恰当、最美观、最有利于学习的形式加以呈现。

虽然教材的插图和版式设计一般都由专业的插画师和美编来做,但是教材编辑是对教材内容最了解的人,一定要和美编、插画师一起反复沟通、讨论并确定教材的整体设计方案。基于此,教材编辑需要懂一些基础的设计原理和知识,掌握一些设计专业术语,这样在与美编、插画师沟通版式设计和插图风格时,就能清楚、流畅、准确地表达设计意图;审读设计稿和图片时,就不只是提笼统、模糊的修改意见,而是能从字体、图形、色彩、构图、格调等方面,提出清晰、具体、专业的修改意见,与美编和插画师达成有效沟通,事半功倍。

（三）教材编辑要懂一点教育心理学知识

教材的内容编写要考虑教师的教和学生的学。《义务教育英语课程标准（2022年版）》明确指出，教材内容的选择要注意趣味性和层次性，以及学习形式的多样性和灵活性，保护学生对英语的好奇心和学习兴趣。因此，教材编辑要有意识地学习一些教育心理学知识，了解不同年龄段学生的心理特征和学习特点，并将这些知识运用到教材编辑工作中去，编制出学生爱学、乐学的好教材。

四、服务意识层面

（一）教材编辑要深入参与教材培训和推广

教材编制是一项长期的工作，教材编辑深入参与教材编写、出版的全过程，对教材的编写理念、框架结构、单元栏目编写意图、知识体系编排等必须非常了解。因此，教材编辑非常有必要深入参与教材培训和推广，从编辑的角度阐释教材的编写理念，讲透每册、每个单元、每个栏目的编写意图和内涵，为广大教师全面、正确地解读教材、用好教材提供有力的支持。

（二）教材编辑要收集教材使用反馈，做好市场维护

教材编辑要高度重视市场维护工作，收集和整理教师对教材的使用反馈，以便有针对性地提供配套资源和培训服务。编辑要与各地教研员和一线教师保持长期、良好的沟通，要广泛收集教材使用反馈，为使用教材的地区做好服务工作。深入课堂，了解一线教学的动态，了解师生对教学服务和资源的需求，这样才能不断提升教材质量，有的放矢地开发教材配套资源，进一步帮助广大师生用好教材。

五、学习精神层面

当今时代的经济和技术发展非常迅速，各行各业都对工作技能有较高的要求，出版行业也不例外。教材编辑要有较强的学习精神，关注行业发展动态和趋势，不断学习新技能，跟上时代和行业的发展。

（一）教材编辑要定期参加业务培训，了解业内新动态，学习新技能

现代出版行业对编辑的要求是编得了书，写得了文案，做得了 PPT……因此，教材编辑需要不断地学习新知识，掌握新技能。

上海市新闻出版教育培训中心每年都会组织编辑参加面授和网络培训，培训人员不仅有出版界的专家，还有其他相关行业的专家，课程从新闻出版理论知识到出版专业实践，涵盖面非常广。编辑认真参加培训，聆听专家的讲座，就能学习到许多专业知识，包括语言文字、标点符号使用规范，出版政策法规等；了解业内的新动态，比如媒体融合出版、数字出版前沿理论与实践等，从中受益匪浅。

此外，教材编辑要经常阅读一些出版类的期刊，如《编辑学刊》《咬文嚼字》，关注一些编辑出版类的微信公众号，如"木铎书声""做书""编辑校对"等，多了解业内同行做书的故事，学到实用的编校知识。

（二）教材编辑要多与同行交流，拓宽视野，激发灵感

编辑之间的交流很重要。教材编辑可以在单位内部定期开展头脑风暴会议。集体讨论很容易产生灵感和火花，好的创意也就会出现。针对教材的内容、设计等都可以讨论，每个人贡献一些想法，集思广益，就能把教材做得更好。除了单位内部的交流，教材编辑还可以多与外单位的同行交流，互相学习。

教材编辑要拓宽视野，不给自己设限，好的创意才能不断涌现。视野拓宽，看得更广，就能产生更多灵感。此外，为了刺激大脑思考，偶尔要有意识地转换工作环境，比如去咖啡馆，去散步，去旅行，在轻松愉悦的氛围中，大脑得到了充分的休息，是最容易产生灵感的，很多好的创意可能就此产生。

（三）教材编辑要广泛阅读，做到跨界与通达

编辑是"杂家"。一方面，教材编辑要不断提升自己的专业素养，要坚守做好教材的责任；另一方面，除了自身所侧重的学科，教材编辑还应该广泛阅读，开阔视野，争取做一个了解多种门类知识的"杂家"，做到跨界与通达。现在的教材一般都有学科融合的内容，以英语教材为例，其中通常会有跨学科的内容，如艺术、数学、生物学等学科的相关内容，编辑要对这些学科知识有一定的了

解,才能巧妙地将这些学科知识融入语言学习材料中。

参考文献：

［1］刘菲.全媒体出版时代图书编辑如何提高核心竞争力［J］.传媒论坛，2018(06)：97＋99.

［2］任晓霞.教材编辑职业素养提升的探讨［J］.传播与版权，2015(12)：44－45.

［3］毕艳.关于做好中小学教材编辑工作的思考——以京版教材为例［J］.出版发行研究，2013(05)：56－58.

［4］鹫尾贤也.编辑力：从创意、策划到人际关系(珍藏版)［M］.陈宝莲，译.杭州：浙江人民出版社，2013.

［5］中华人民共和国教育部制定.义务教育英语课程标准(2022年版)［S］.北京：北京师范大学出版社，2022.

数学教材教辅编辑加工琐谈

李俊明　李　达　蒋徐巍

[摘要] 本文试从版面编排、文字规范和插图问题三个方面，为数学教材教辅的编辑工作提供一些操作化建议：1. 版面编排，主要涉及字体和字号的使用、数字序号的层次、算式(代数式)的编排以及图文配合等问题；2. 文字规范，主要讨论了常见数学符号、计量单位及其符号的准确使用，以及标点符号在数学文本中的特殊用法；3. 插图问题，在明确基本要求的基础上，对插图的大小、编号、尺寸标注等问题作了说明，并简要介绍了多面体和圆锥曲线的一般画法。

[关键词] 数学教材教辅　版面编排　文字规范　插图

一、版面编排

当你翻开一本书时，首先看到的是版面编排，好的版面给人以美的感觉。因此，做好一本书的版面设计是很重要的。

版面设计的要求是：简洁、活泼、丰满、清秀，图文并茂。

教材的版面设计：数学教材一般按章、节(单元)、课目、正文(例、解)、练习(课内)、习题等栏目编写。这些栏目的设计内容主要有序号、字体及相关图案(色块)。有的还设计了书眉和页码。

教辅的版面设计：数学教辅一般与数学教材同步，按章、节(单元)编写。版面设计比教材更简单，对章、节(单元)、内容栏目、正文(例、解)、练习(习题)、附录的文字大小和字体有一个统一考虑，做到全书一致。特别是几位编辑合作加工一本书稿时，更需关注一致性。

现在使用的汉字字体很多，数学书稿中常用的有宋体、楷体、仿宋体、长仿宋体、黑体,此外还有正斜体之分和字号之别。不同字体给人的感觉是不同的:宋体显得大方,楷体显得活泼,仿宋体、长仿宋体显得清秀,黑体显得稳重。

现在使用的数字序号也很多,数学中常用的有汉字数字、阿拉伯数字、罗马数字等。这些数字序号也为设计章、节序号,合理使用习题号、式码等,提供了丰富的资源。

因此,只要合理选择搭配字体,巧妙设计标题,再加上精美的图片,一定能达到版面设计的要求。

下面,介绍数学教材、教辅的版面设计中一些具体问题的做法。

（一）字体、字号

教材、教辅中的字体、字号通常是根据学生的年龄来考虑的。为了保护学生的视力,字号要大一些。

国家于 2021 年发布了《儿童青少年学习用品近视防控卫生要求》(GB40070—2021),其中对教材的字体、字号有明确的规定。具体为:小学一、二年级用字应不小于16P(三号)字,汉字以楷体为主;小学三、四年级用字应不小于14P(四号)字,汉字以楷体和宋体为主,由楷体逐渐过渡到宋体;五～九年级和高中用字应不小于12P(小四号)字,汉字以宋体为主。另外,辅文在小学阶段用字应不小于10.5P(五号)字,初高中阶段应不小于 9P(小五号)字。教辅的要求同上。

在数学教材、教辅中,"例题"的字体和序号常用正文同号黑体,如"例1""例2"……,双色(彩色)印刷常在"例1""例2"……内铺上小"色块",并用正文同号黑体。"解"或"证明"用正文同号黑体,双色(彩色)印刷时可铺色块。有的书稿在"例1""解"或"证明"后面加冒号,这显然是多余的。

数学教材中,有许多定义、公式、法则、定理等重要知识,需要在版面中突出其重要性,常用的方式有:用正文同号黑体,用方框或色块。但全书同一类内容通常只用一种方式。这里需要注意的是:黑体的使用不宜过多,以免使版面"太重"。在定义一个概念时,由于叙述概念的文字较多,因此通常只有这个概念名称用黑体(双色或彩色书也可用有色字)。

（二）数字序号

汉字数字、阿拉伯数字序号虽然很多,但在数学教材、教辅中远远不够用,还常用罗马数字序号。

例题编号的一般方法是:例题号依次为"例 1""例 2"等,同一例题中的小题号依次为"(1)""(2)"等。练习(习题)的编号方法是:大题号依次为"1.""2."等;同一大题中的小题号依次为"(1)""(2)"等。如果小题中还有小题,那么可用"①""②"等。当然,这种题目层次太多了,在教材、教辅中应尽力避免。

在例题的解中,当解题过程需要分步讨论时,为了与小题号相区分,其分步号一般用罗马数字序号。

有些等式(方程、公式)在后续内容中要多次用到,为叙述简明起见,可以将此式编号。所编的号称为"式码"。在数学教材、教辅中,为了与例题的小题号有所区分,式码一般用①、②等。在正文中,式码一般统一排在此式的行末;在答案中,式码直接排在此式后面,中间用"⋯"(长度视版面情况而定)隔开。

（三）算式（代数式）

在数学文稿中,算式(代数式)较多,有的还很长,如果接连排,不仅难看,而且看不清楚。此时,可根据实际情况将正文叙述或例题、习题解答中一些关键步骤的算式(代数式)单独居中排,其他则按需穿插在一般性文字中。如:

一般地,设一元二次不等式为

$$ax^2+bx+c>0 \quad 或 \quad ax^2+bx+c<0 \quad (a>0),$$

当对应的一元二次方程 $ax^2+bx+c=0$ 的根的判断式 $\Delta=b^2-4ac>0$ 时,先求出方程 $ax^2+bx+c=0$ 的两个实数根 x_1、x_2(不妨设 $x_1<x_2$),于是不等式 $ax^2+bx+c>0$ 的解集为

$$\{x \mid x<x_1 \text{ 或 } x>x_2\}。$$

注意,"$ax^2+bx+c>0 \quad 或 \quad ax^2+bx+c<0 \quad (a>0)$"居中排,另行的"当对应的一元二次方程 $ax^2+bx+c=0$⋯⋯"顶格排。

由于现行的教材、教辅的版面大多是 16 开本，因此对算式（代数式）的排法也有所变化：当算式（代数式）能排在同一行时，也可以连着排；当一个算式（代数式）比较短时，也可几个算式（代数式）连着排。这样，不但可增加版面的文字容量，而且版面也比较丰满。为了使几个算式（代数式）比较分明，算式（代数式）之间应加大空隙。

（四）图文配合

在数学教材、教辅中，不论是情境图，还是反映题意、配合解题的数学图，都与文有着密切的关系。因此，在版面编排中，图文如何配合，不仅关系到版面的美观，而且关系到学生学习是否方便。

当版面中图较少时，通常可以"图旁伴文"，以便增加版面容量。这时，一般不会出现图文脱节的情况。

当版面中图较多时，要通盘考虑图文的编排。这种情况常常出现在几何的习题部分。一般来说，现行教材、教辅版面一个版口可排三四个几何图，如果将题目顺序作适当的调整，那么几个题目的图可排在一起。如下例：

1. 如图，已知不在同一平面上的三条直线 a、b、c 相交于点 O，M、P 是直线 a 上的两点，N、Q 分别是直线 b、c 上与点 O 不重合的点。求证：MN 和 PQ 是异面直线。

2. 如图，在四面体 $ABCD$ 中，$AC = 8$，$BD = 6$，M、N 分别为 AB、CD 的中点，并且异面直线 AC 与 BD 所成的角为 $90°$。求 MN 的长。

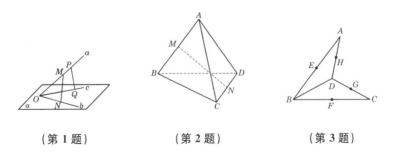

（第 1 题）　　　　（第 2 题）　　　　（第 3 题）

3. 如图，在空间四边形 $ABCD$ 中，E、F、G、H 分别是边 AB、

BC、CD、DA 的中点。当对角线 AC 和 BD 满足什么条件时，$EFGH$
分别是矩形、菱形、正方形？

二、文字规范

（一）数学符号

在数学中，为了书写、表述的方便，创设了很多数学符号。其中，有运算符号（＋、－、×、÷等），关系符号（＝、≈、≠、＜、＞、⊥、∽、≌等），特殊数符号（圆周率 π、自然对数底 e 等），数集符号（自然数集合 **N** 等）及其他符号（∵、∴等）。

一般而言，运算符号、关系符号采用正体，与正文同号；特殊数符号采用与正文同号的正体字母表示；数集符号采用与正文同号的正、黑体字母表示；对于"∵""∴"，建议只用于算式（代数式）前，若句子中有汉字表述，则用"因为""所以"。例如：因为三角形 ABC 的三边 a、b、c 满足 $a^2+b^2=c^2$，所以三角形 ABC 是直角三角形。

（二）计量单位及其符号

在数学教材、教辅中，常见的量有长度、面积、体积（容积）、质量、速度、时间、平面角等。这些量的单位及其符号可参见《现代汉语词典》附录《计量单位表》。

在数学教材、教辅中使用计量单位及其符号时，要注意以下两点：一是计量单位的符号采用与正文同号同体的正体字母；二是计量单位与计量单位符号的不同用法。对于第二点，有如下建议：在文字叙述中，一般用计量单位；在算式或（　）中，一般用计量单位符号。如：

　　一支铅笔长 18 厘米，3 支铅笔长多少厘米？

在解题时，写成：

　　$18×3＝54(cm)$　　答：3 支铅笔长 54 厘米。

个别非法定计量单位，特别是生活中常用的非法定计量单位，如斤、两等，在数学教材、教辅中可以在少量的题目（如古代数学题）中使用。这样做不仅与现实生活结合，而且可对学生进行爱国主义教育，并帮助学生更好地理解单位形成和发展的历史。

关于重量与质量的提法，中华人民共和国国家标准《国际单位制及其应用》(GB3100—93)中指出，"人民生活和贸易中，质量习惯称为重量"。可见，在数学教材、教辅中，"重量"这个名称还是可以用的。

（三）标点符号

在数学教材、教辅中，标点符号的用法与语文教材、教辅中的用法基本相同，只是省略号的用法有些不同。在一般性的文字叙述中，省略号用"……"，而在数列中，省略号一般用"…"。如：数列

$$1,4,9,\cdots,n^2,\cdots$$

这里和语文书稿中的通常写法有两处不同：一是省略号不是"……"，而是"…"；二是省略号前后都有逗号"，"。

在数学教材、教辅中，"、""，"的用法有时比较混乱。如：$x,y\in \mathbf{R},x>y>0$；直线 a,b 分别与直线 c 交于点 A,B,C 是直线是 a,d 的交点。这两个句子中都用逗号，句子的层次体现不出来。因此，前一句拟写成：x、$y\in \mathbf{R}$，$x>y>0$。后一句拟写成：直线 a、b 分别与直线 c 交于点 A,B,C 是直线 a、d 的交点。这样，句子的层次就清楚了。对于 $x,y,z\in \mathbf{R}$ 的写法，如果表示数的字母超过三个，那么拟写成 x、y、z 都是实数。

在数学教材、教辅的数列、统计等章节中，一组数之间都用逗号。如：

已知五年级 10 名学生的身高（单位：cm）为

145,140,152,146,138,150,153,155,142,158。

求这 10 名学生的平均身高。

三、插图问题

数学教材、教辅中的插图比较多，如与文字呼应的情境图、分析数量关系的示意图等，特别是几何内容中，图更多，且都不是随意画的。

下面是插图（主要是几何图形）工作中需要考虑的几个问题。

（一）基本要求

插图的基本要求是：美观匀称，线条粗细分明，长度、角度大小基本准确，尺寸标注规范。

当没有特殊要求时，应将几何图形画成一般图形。例如，三角形画成一般三角形，不要画成等边三角形等特殊三角形。

当有特殊要求时，应根据题目中的要求画几何图形。例如：线段长度要按一定比例画，角度是多少度就画多少度；线段的等分点位置正确；等等。

为了美观，对线条的粗细应作些区分，一般图形外部轮廓用稍粗的线条，内部则用稍细的线条。

（二）插图的大小

图及图内文字的大小应与正文字符大小相协调。小学的图大一些，初、高中的图小一些；图内文字通常比正文字小半号或一号。

用线段表示题目中数量关系的示意图、数轴等，其长度可根据需要决定（只要小于一个版口）。

对于其他几何图形，一般来说，正文为五号字时，图的大小为 3 cm×3 cm；图内文字为小五号以下，六号以上。正文为小四号字时，图的大小为 4 cm×4 cm；图内文字为五号以下，小五号以上。

（三）插图的编号

小学数学教材、教辅中文字叙述少，加上大多是情境图，所以一般都不编号。初、高中数学教材、教辅中图文对照的文字叙述增多，为了叙述的方便，常要将图编号（图序）。当一册教材（教辅）中图的数量较多时，为了便于图的增减改动，有时采用"二级编号"，有时采用"三级编号"。

"二级编号"就是将图按章编号。例如，第一章的第五个图，在图下标注"图 1-5"。由于教材每章的图一般不是很多，因此大都采用二级编号。

"三级编号"就是将图按章、节（单元）编号。例如，第一章第三节（单元）的第五个图，在图下标注"图 1-3-5"。

对于练习（习题）中的图，一般不编号，采用在图下标注题号的形式。例如,练习(习题)中第 1 题的图,在图下标注"(第 1 题)"。

（四）图中尺寸的标注

在数学教材、教辅中,一些示意图或几何图形需要标注尺寸,常用的标注方法有两种。一是直接法,将尺寸直接标注在图上。如:

求周长。

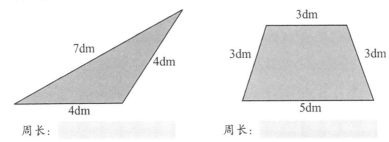

周长:　　　　　　　　　　周长:

二是制图法,按照制图的要求标注尺寸。如:

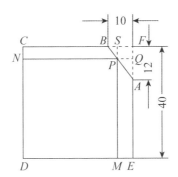

在用制图法标注尺寸时,经常可以看到下图中出现的错误。这里的尺寸标注有两处错误:一是竖向尺寸标法(数字"5"应逆时针旋转 90°);二是尺寸中带单位。对于单位,有两种处理方法:一是在正文中注明,如"(单位:米)";二是在图旁或图下注明,如"(单位:cm)",此法适用于一题中有多幅图且图中单位不同的情况。

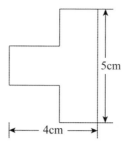

需要注意的是,直接法与制图法这两种尺寸标注方法在同一个图中不要混用。

（五）多面体的画法

在立体几何中,为了直观,多面体的直观图一般采用"斜二测画法",关键是画出其底面水平放置图。

例如,正方体的水平放置图通常采用如下画法(以图形的一边为水平方向线):

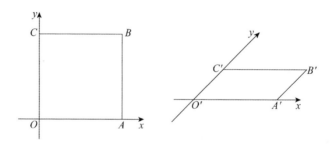

由底面水平放置图的画法,可以得到正方体直观图的基本画法,如下:

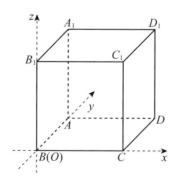

以底面的一边为水平方向线画出的正方体图,其优点是直观,缺点则是有些棱、面对角线、体对角线重叠。为了避免上述缺点,有时也会以底面对角线为水平方向线,画出相应的正方体图。

正四面体、直棱柱等直观图的画法与上述情况类似,不予赘述。

(六) 圆锥曲线的画法

圆锥曲线中的椭圆、双曲线、抛物线,是解析几何中使用较多的曲线,也比较难画。画图时,除了要注意曲线形状,还要注意其焦点的位置是否正确。其中,双曲线与抛物线的形状最容易混淆,区别在于双曲线有渐近线,而抛物线没有渐近线。要判断双曲线的形状是否正确,只要用直尺过双曲线的中心转动,看其与双曲线的两支是否永不相交,即是否存在渐近线。

人工智能时代教材编辑的转型发展

陈　群

[摘要] 以 ChatGPT 等生成式 AI 及智能机器人的广泛应用为主要标志的智能时代，已经对人类的生存和生活产生深刻影响，未来已来。不可否认，一些重复性高、需大量处理数据和计算的工作将逐渐消亡，与此同时，许多新兴职业被催生。这一趋势其实在工业革命之初便已崭露头角。对此，我们须理性思考该如何实现职业转型，重构教材编辑角色定位，提升自己，以顺应未来。

[关键词] 人工智能　教材编辑　转型发展

2023 年初，ChatGPT 引爆了全球对人工智能的强烈关注：ChatGPT 对人最本质的影响是什么？人，将如何安身立命？

本文从教材编辑的职业素养和特质这一文化现象视角，浅论人工智能时代如何有机传承教材编辑的学识涵养和职业态度，并尝试描画新时代教材编辑的职业画像：教材编辑非学科理论、学科技能专家，教材编辑要无限接近成为教育专家，教材编辑必然要成长为教材建设专家，教材编辑是项目管理专家，教材编辑须提升"情绪价值"。

一、我们正在经历什么

以 ChatGPT 等生成式 AI(AI generated content，AIGC) 及智能机器人的广泛应用为主要标志的智能时代，对人类生存、生活产生深刻影响。华东师范大学特聘教授许纪霖老师提出，ChatGPT 的诞生不仅是技术现象，也是文化现象，它将带来第四次里程碑式的科技革命。

由此,作为教材编辑,当下须叩问:教材编辑如何安身立命? 岗位价值与核心竞争力何在? 如何转型?

二、教材编辑的传承

几代教材人砥砺前行,从前辈身上,我们该传承什么?

教材编辑的职业素养和特质,其实与教育理念及实践息息相关,说到底,也属于文化现象的讨论范畴。我们可以通过一些关键词粗略描画传统型教材编辑职业画像:

学识涵养:知识储备、技能技法呈网格式,二维、扁平化;具备信息池、图文资源池。

职业态度:严谨,踏实,具有质疑精神和责任意识,对教育、对教材充满情怀。

上述教材编辑画像是我们所熟悉的,也是我们这一代教材编辑要有机传承的。

何谓有机传承? 我们辩证来看:

关于学识涵养,教材编辑首先须具备基本的学科知识背景,了解教育学理论和课程发展观,这是学科教材编辑的"底色";其次,关于信息池、资源池,不再是有没有、有多深的问题。

在信息爆炸的时代,在人工智能时代的大背景下,个人的知识技能和资源储备的容量和迭代速度如沧海一粟。当前"课程教材"提倡教学内容结构化,一是因为知识技能是教不完的,体现在其广度和更新频率上;二是"数字公民"的成长背景决定了当代学生和社会人的学习方式、生活方式。知识内容是极易获取的,技能技法借助人工智能是极易习得或实现的。在表现方法、形式维度上,传统技能技法早已被远超。比如,利用建模软件和3D打印技术可以快速实现由平面二维图像到立体实物的转化;借助VR设备可以实现虚拟空间内全息影像创建和绘制;运用3个软件就可以实现用AI做动画,将2D照片变3D模型—改变目标的形态—改变画面效果—制作3D动画,整个过程中从技法上只需会拍照,影响动画最终呈现效果的是关键词提炼、造型审美判断、情节设计等因素。

教学、育人的核心转向基于大概念,以单元任务将教学内容结构化,学生在学习过程中检索、判断、习得、运用,并在将来的学习、生活中迁移运用。在教材建设中,教材编辑要充分认识并落实这一点,并将其作为加强自身学识涵养和提高学识运用能力的维度之一。

我们要实现进阶,实现知识技能的纵向关联和横向串联,即知识的结构化,提升检索、判断、提炼知识的能力以及调配使用、内化、迁移运用知识的能力。

关于职业态度,上述几个关键词须一以贯之地传承,并提高标准,虽然这些关键词很难有量化的标准。当前教育环境和社会环境对基础教育课程教材的关注度、期待值、评价标准都非常高,我们唯有端正职业态度,才能真正履职尽责。

三、教材编辑的转型发展

专业的教材编辑在不同的象限实现转型,厘清职业特质,确立职业价值,形成新时代教材编辑职业画像,旨在达到身处人工智能时代的不可替代性。

(一) 教材编辑非学科理论、学科技能专家

教材编辑的定位不是"学者型编辑""学术型编辑",这是致力于学术出版的编辑的发展方向。如上文所述,教材编辑不应单纯钻研学识技能的深度和广度,而应追求进阶的学识技能以及深度、理性的高阶思维。

(二) 教材编辑要无限接近成为教育专家

对于教育理念的沿革、课程发展观,教材编辑要知其所以然。比如,理解为先的逆向教学设计(UBD)、项目式学习(PBL)、概念为本的学习模式(KUD 目标模式)、深度学习;再如,核心素养、大概念(大观念)、基本问题、教学内容结构化、任务链、问题链、跨学科等。

更为重要的是,教材编辑要通过深入研究,将在教材建设中如何体现和运用这些理念,内化为自己的见解和工作路径。

(三) 教材编辑必然要成长为教材建设专家

对于新编和大修订教材,教材编辑与编写组共同建立教材画像,包括:教材编写理念、格调定位、顶层设计、框架、体例、视觉传达系统等。建立教材画像,

有助于勾画教材编制的蓝图，为全套教材编制奠基；有助于提高编辑的研判能力，判断教材内容是否符合课改精神和教材编制规范，内在逻辑是否适恰等。值得一提的是，当前对教材的审美标准日益提高，且不局限于艺术领域等图文并茂的教材。教材的视觉传达系统涉及整体风格定位、封面封底、内文版式、符号系统、颜色系统、配图、图文对应关系等，学科教材编辑需具备一定的审美能力，与美编和编写组进行有效的沟通。

（四）教材编辑是项目管理专家

当前的教材建设机制下，教材编辑，特别是全套教材编制项目的负责人、责任编辑，须具备全局观，沉浸式、全过程参与教材建设，协调统筹诸多事项，远不止参与交稿后的案头工作。

这体现在两个方面：

一是项目内容管理，即对教材内容系统的全局性把握。

除了基础性的图文编辑加工外，教材编辑要在不同编写阶段主动做专项梳理，比如对标（课程标准）、体例栏目的统一性、任务链的逻辑性、学科本体知识技能的进阶性、作品的选用及重复率、跨学科专题的合理性、教材语言风格的一致性等。又如，针对教材语言风格，不同板块的语言表述风格及难度、具化程度，我们应该给编写组，特别是欠缺教材编写经验的编写组，提供多版本的同类案例，做切片式的分析。再如，针对跨学科专题，本轮课改对于教材建设的要求是各学科有不少于 10％的跨学科内容，"设立跨学科主题学习活动，加强学科间相互关联，带动课程综合化实施，强化实践性要求"。有些本身综合属性较强的学科，如艺术，其跨学科内容甚至远超 10％。当全套教材内容完成初步建设后，我们需要做跨学科专题梳理。以艺术为例，其"跨"的外延是层层扩展的：姊妹艺术—其他学科—个人、自然、生活、社会、科技。通过跨学科专题梳理，我们能够明确每个层级"跨"的节点，判断是否从根本上切到相关学科具体内容的"跨"；"跨"得是否合理，其具体内容能否做到使学生知识技能学习和储备更合理，与单元任务链是否逻辑一致；"跨"出去之后是否能"收"回来；是"沙拉"拼盘式的"跨"还是"配菜"式的"跨"；"跨"的比例是否合理；等等。

二是项目团队管理，即对教材编制团队建设与管理的全局性把握。

教材编写组在组建初期,往往呈现如下特点:松散式组织管理,团队成员之间的熟悉度、配合度有待加强和磨合,因编写工作的非专职性导致进度迟缓。随着编写进程的推进,我们须协助优化队伍建制,统一编写思路,增强团队凝聚力,提高团队工作的积极性,协调解决编写过程中的各种问题。此外,还有一些事务性工作,如进度管理、经费管理、编外单位(个人)管理、会务管理等。编外单位(个人)所涉及事项可能包括:数字资源摄制团队、插图绘制人员、专题图源单位或组织、试教试用人员、外审专家等,我们需对其进行资源调配、人员物色与筛选、保密管理、内容沟通与时间安排等,并就具体事项与编写组充分交流。

(五) 教材编辑须提升"情绪价值"

"情绪价值"构成"后物质时代"一个人的软实力,它是人际交往中最重要的能力,是一种影响他人情绪的能力。比如,情绪价值低的人,容易让人产生负面的情绪;反之,情绪价值高的人,会让人产生愉悦的情绪体验。"怪诞行为学"认为,情绪价值是指在人际交往中,拿捏对方情绪,让对方情绪变化的能力。

马斯洛关于人的五个需求层次中,每一个需求层次的满足都离不开社交活动。被称为"情商之父"的丹尼尔·戈尔曼认为,情感智商包含五个主要方面:(1)自我了解;(2)自我管理;(3)自我激励;(4)识别他人的情绪;(5)处理人际关系。

教材建设过程,其本质是不同群体因同一个目标聚集并开展集体创作的行为,是基于教材创作的社交行为,其核心是教材编辑,由教材编辑串联各群体。因此,教材编辑的"情绪价值"这一软实力也至关重要,可以提升教材建设过程的"温度",有效助力和实现沟通与合作,这或许也是有别于人工智能的重要特质。

戈尔曼提出的"情感智商"的五个方面均与"情绪价值"直接关联。我们通过解读建材建设中的事件、行为和情绪发生的原因,进行述情与共情。述情,涉及自我了解、自我管理、自我激励,从自己的角度出发,用不伤害关系的方式表达自己的需求、想法和感受。共情,涉及识别他人的情绪,处理人际关系,在感知并识别他人情绪、想法和感受的基础上,理解和共享情感与体验的过程。

一言以蔽之,从自我和他人出发,通过主动的情感/情绪输出,实现情绪管理，给予参与教材编制的创作群体积极、愉悦的情绪赋能。

四、结语

人工智能时代，新技术和思维已席卷而来，带给出版人全新的活力和发展。面对这些冲击和挑战，我们应乐观接受，积极适应，进行深度反思和创新，对人工智能形成理性认知，思考教材编辑的身份重构，并推动群体的转型，这才是推动教育出版转型升级的深层逻辑与根本力量。

基于发展学生核心素养的教材素材开发策略
——以初中生物学教材研发为例

黄　伟

[摘要] 学生生活的世界是连续而完整的,而学科教材以学科框架为施工蓝图,呈现给学生的学科图景亦是连贯而自洽的。这个奇妙的转换过程,考验着教材编制者对素材的遴选经验和策略,也体现出教材编制者打磨素材的工匠精神。本文尝试提出优质素材的一些重要特质和相关的优化加工方法,作为教材编制工作的参考。

[关键词] 核心素养　教材研发　素材加工

由《义务教育课程方案(2022 年版)》《义务教育生物学课程标准(2022 年版)》可知,学科的课程理念以发展学生的核心素养为宗旨。义务教育阶段核心素养的提出,既是落实立德树人根本任务的重要举措,也将有助于进一步打通不同学科之间的壁垒。在成形的教材当中,素材所占的篇幅是最大的,直接影响着教材的观感和可读性。选取和打磨素材,以更好地落实学科核心素养,是教材编制过程中花费时间最多的一个重要方面。

本文探讨的素材是广义的素材,包括活动类、情境类、案例类等三大类。其中,活动类素材撑起概念建构的主体;情境类素材的分布比较广泛,往往担负课题引入和主题评价的相关功能;案例类素材或长或短,往往以短文或短句的形式镶嵌在章节中。下面尝试从优质素材的标准、素材的打磨、素材的整合策略三个方面,探讨如何顺利开展素材的编制工作。

一、优质素材的特征

教材建设是一项系统工程,随着一级框架(单元、章层面)和二级框架(节、目层面)的落地和打磨成熟,每一节的具体编制者需要借助丰富多元的素材来实现教材编制组的编写思路,保证学科次位概念的落实。显然,教材中的素材并不是越多越好,而是适宜的才好。尽管不同编制者对素材的适宜性有自己独特的见解,但优质素材仍呈现出一些共性。

(一) 大情境素材,描绘学科图景

此次课标修订尤为注重学科大概念,倡导单元化的教学设计。优质素材也应当具有这样的潜质,让学生基于这一学科现象或情境,联想到与其最接近的学科概念,以及学科内的其他概念甚至其他学科的概念。素材因教材的编制理念串联起来,不应成为碎片化的存在,而应整合为整个学科图景。无论是课标的架构理念,还是大单元的教材设计,都让我们更加深刻地意识到,概念有大小之分,可以依据不同概念的内在逻辑、概念的可迁移性和影响力将其串联起来。

(二) 激发求知欲,唤醒学习热情

学生的学习是需要兴趣和动机的。从知道是怎样一回事到认识为何是这回事,教材素材往往起着桥梁的作用。为了更好地激发学生学习学科的兴趣,培养其态度责任,教材作为师生互动的媒介与平台,可通过多种形式来激发学生的学习兴趣,如设置故事情境、问题情境、自然情境等素材。问题情境的素材向学生提出具有挑战性的问题,当学生对面临的问题不得其解、陷入困境时,他们才会对新知识产生期待,才会为走出困境而积极地思考。

(三) 生活化项目,培育实践能力

学科教育应当培养学生面对情境、任务、问题、挑战时,灵活运用在学科学习中获得的东西去应对的能力。将教学课题镶嵌在生动的生活情境中,与生活世界建立紧密的联系,能在让学生感受到学习意义的同时,培养其实践能力。例如,可以通过实际的面包发酵活动让学生直观认识到酵母的发酵力;让学生亲手解剖鲫鱼、触摸动物心脏等,感受生命的脉动。由此,学生收获的不仅是生物学知识和实践技能，更是生命观念。

（四）巧用方法论，凸显学科价值

科学方法在几门理科之中是相通的，如观察和实验、假说和理论、归纳和演绎等。例如，对物种进行"分类"是一个传统知识，如何呈现分类的重要性和必要性，教材中可选的素材有很多，如图书馆的图书分类、行政区划的层级划分、超市货架的商品摆放等，都蕴藏着分类的思想，可引导学生积极主动地探索生物分类的方法，为将来的二歧分类法的学习奠定基础。再如，关于生物的起源历史上曾有（直到今天依旧存在）的不同假说，人类对地外生命的探索历程等，都是培养学生学习自主性和科学精神的良好素材。类似的假说，既有培养想象力的功能，又有展现学科价值的功能。

（五）关注跨学科，增强辐射效应

我们不但要重视素材对学科概念的支撑作用，而且要注意素材的溢出效应，在进行学科知识的教学时，应观照该素材所对应的上位知识，积极思考和挖掘蕴藏在具体"小"素材之中的其他学科元素，从而拓展延伸学生的跨学科观念，促进学生对知识的理解。例如，介绍神经系统时，引入计算机技术、人工智能技术的知识；生物实验中对于氧气和二氧化碳的检验，是对化学知识和方法的借用；人眼模型的构建，涉及物理学上凸透镜成像的规律；饲养小动物的装置制作活动，更是STEAM教育理念的一次演练。

上述五个方面，究其实质，都是让学生充分感受到知识的有用和有趣。一个素材如能满足其中的两条，就可纳入待选之列。当然，在互联网时代背景下，素材如此丰富，考验教材编制者的不再是以往教材编制者所遇到的"巧妇难为无米之炊"的难处，更多的是"广袤沙海只取一粒"的纠结。在实际遴选素材的过程中，教材编制者不仅需要考虑学科的自洽问题，还需要考虑其他一些因素，如素材的价值观导向如何、出处是否权威、是否符合出版规范、是否适合一线师生开展实践等，对于这些因素的"度"的把握直接体现了教材编制者的专业水平与经验积累。

二、对优质素材的精加工策略

选取后的素材离真正纳入教材中还有很长的加工之路要走。教材编制者犹如裁缝，需要对这些内涵丰富的原材料进行精加工。整个加工过程分为三个环节，一是对素材的功能定位，二是依据教材的体例来修改素材，三是素材的图文深加工。

（一）功能定位决定素材加工的方向

节层面的教材结构一般包括情境引入、任务安排、概念得出、思考讨论、拓展延伸、练习训练等几个内容。依据此编写思路，素材与素材之间应当呈现一定的逻辑性和递进关系，避免各自为政。可以情境类案例为衬托，培育教学之氛围；以真实问题、真实情境为起点，激发学生之兴趣；以反映探究实践的活动案例为主导，推动教学活动进展；以新奇之事物为拓展，打开学生视野；最后以真实案例为题干，考查学生之学习情况。不同素材具有不同的开发潜质，教材中素材的有序排放实际上体现了教材编制者对教学评一体化的理解和思考。

（二）体例格式约束素材的呈现形式

不同的栏目有其固定的格式，虽然缺乏变化，但整齐划一的体例格式正是教材编制的内在要求，可以更好地保障教学过程的顺利开展。体例格式包括正文和栏目，都有其各自具体而明确的写法。面对有着不同表达形式偏好的作者，编辑需要统一教材的体例格式，为后续的深加工打下坚实的基础。同时，为了促进学生理解，对教材素材的加工应当综合考虑素材的独特性，对相对固定的栏目格式作弹性的调整。例如，对于实验活动的设计，不同的实验要求不同，由前期的直接给予方案到后期的留空给学生作答，这些渐变的过程也让栏目格式不再那么僵化，能更好地反映教材编制者进阶性的设计理念。

（三）细节深加工可优化图文面貌

素材的重要性往往不是以长短来论英雄的。留给读者印象最深的未必是最长的短文，课时占比最大的活动，可能是里面的一个用词或句子。生物有其特殊性，一个物种名称就是一个生命实体。从某种意义上说，每一条重要的生命规律似乎都适用于同一种生物,同一种生物的某个特定方面可以诠释特定的概念。这在无形中增加了素材运用的难度。这是一个精细加工的过程,每一次的推敲和修改都是再次对标的过程,力求更为符合学生的认知特点,响应对教材的美感要求,引导学生的学习不止步于课堂,向课外作适度的延伸。尤为重要的是,符合价值观导向的要求。例如,生态瓶制作是一个经典的生物学实验,评价其成功与否,既可以统计生物死亡情况,也可以从正面的视角来观察生物存活的数量和状态。对于同样的事物,从不同的角度来描述和评价会得出截然不同的情感效果。

通过上面的汇总,不难发现,功能定位决定着素材的文中位置和体量大小,体例格式约束着素材的表达形式,对图文的深加工则是再一次的对标。三个环节有先后之分,逐一落实让素材的加工活动得以有序进行。

三、素材的升级改造之道

为了进一步提升教材中素材的编制质量,在实际操作中,时常需要对素材进行适度整合,即在原先一阶素材的基础上,产生二阶素材甚至三阶素材。当然,与素材不以长短论英雄相似,素材也不以复杂度论高下。此处列举对素材的几种可能的加工策略:"历史回溯"策略,每一项科技都是有其历史源头的,适当添加学科发展史的资料,可以增加素材的历史厚度和思想深度;"热点追踪"策略,在选用的素材中加上一些新闻素材,在让传统素材焕然一新的同时,也可进一步提升学生的社会责任感;"本土改造"策略,尤适于目标使用区域比较明确的教材,即在原有的素材基础上添加当地的生物素材,增加教材之于读者的亲切感和辨识度;"数字加载"策略,传统的活动类素材往往强调动手实践,可通过传感器引入、多媒体呈现、网络链接等方式来拓宽素材的辐射空间;"教育附加"策略,因学科特点和素材内容,可适当加载一些教育功能,如在生物学教材中蕴含生命教育、人文教育、生态道德教育、美感教育、生态安全教育等。

值得一提的是,编制教材不可盲目求新,因为新无止境,这将为后续的修订带来较大的压力。因此,教材编制者应尽量选用相对积淀已久的经典之作。这既摆脱了逐年更新的困境,也避免了可能的学科争议和商业广告之嫌。例如,细胞免疫疗法、肠道微生物治疗脑部疾病的相关研究，虽是研究领域的热点，但在选用时需格外慎重。

四、结语

经过教材编制者的共同努力，相对松散的素材因概念建构而紧密相连，达到了石榴籽般的紧密效果。同时，每一个素材都有它的使命，当时代环境发生变化时，使命也会有所调整，素材自然也有优化的必要。例如，传统所说的治理环境污染的观点，近年来随着科研、环保行业的发展，更为注重的是对生态系统本身功能的恢复；对于学生熟悉的鳄雀鳝，如何看待宠物的丢弃现象，既有生物与法律的知识交叉，也明显带有时代的印记特点。教材编制者应当积极参与调查研究，及时挑选优质素材来对教材进行补强和优化，确保知识的时代性和导向性。

数字教材开发工作初探

杨宏玲

[摘要] 教材编辑不仅要对教材内容精雕细琢，充分保障内容质量，还要综合考虑其呈现形式，使之在实用的同时，兼具艺术审美。如何让教材更加立体并富有吸引力？如何通过信息技术手段助力教材开发与实际教学？我社在电子书包项目和数字教材开发方面做过不少有益尝试和探索。

[关键词] 数字教材　多媒体技术　资源库

从事教材编辑工作十多年，说长不长，说短也不短，在数轮教材日常审读、小修订和大修订中，我始终记得："教材无小事。"第一次听到这句话是在入职第一年的一次教材编辑培训会上，自此便在心里生了根，发了芽。言犹在耳，既是嘱咐，也是重托，语重心长，殷殷期盼。

除了教材编辑培训会，上海市教育委员会教学研究室每年还会组织课程与教学调研活动，这为教材编辑们提供了了解教材使用情况和收集反馈意见的大好机会。我有幸参加过多次，到过不同区的多所学校观摩课堂教学，参与教学研讨，也接触到了不同学段组织的各类综合活动等，每一次都收获颇丰，感触颇深。

作为一名教材编辑，在参与这些活动的过程中，我深感教材之重要，肩上的责任之重大。一台精彩的演出之所以能够呈现在观众面前，除了离不开演职人员的辛勤付出与努力，好的剧本也功不可没。同样的道理，一本好教材也能为教师和学生提供充分演练的良好平台。在内容质量得到充分保证的前提下，还要有美观且实用的呈现形式与之匹配。毕竟，一本教材，教师和学生们在一学期中会翻阅无数次。在用知识滋润心田、充实思维的同时，如何做到给人以视觉享受且具备实用性呢?

我社在电子书包项目和数字教材开发方面做过不少有益尝试和探索。作为项目组的一员,我曾参与"二期课改"沪教版六年级语文数字教材开发相关工作。语文学科兼具工具性与人文性,我社语文数字教材的开发工作正是基于学科特性展开的。其特点主要体现在如下几方面:

一是实现了多样化教学形式与教学内容的有机结合,使学生对重点与难点知识的掌握更加牢固。数字教材采用多媒体技术手段,直观形象地呈现教学内容,目的就是建设开放而有活力的语文课堂,全面提高学生的语文素养。趣味小游戏等内容栏目可以让学生变被动接受为主动参与,进一步突出了学生在教学活动中的主体地位。

二是开发了富媒体资源库,有助于激发学生的学习兴趣,拓宽学生的视野。在语文数字教材的开发过程中,我们遵循学生身心发展特点和认知规律,建设了富媒体资源库,既便利了教师的教、学生的学,又有利于语文教育整体功能的发挥。大量富媒体资源的加入充分调动了学生学习的积极性,极大地拓宽了他们的视野,使学生的语文能力不断提高。

三是通过多种媒介资源,更好地培养学生的情感态度与价值观;创设良好学习情境,为学生自主学习提供条件。语文教育既要重视发展学生的语文能力,同时又要注重学生智力因素与非智力因素的发展,特别是情感意志的培养。语文数字教材中丰富的资源和良好的情境创设为学生自主学习提供了有力保障,便于学生情感态度与价值观的形成和发展。同时,数字教材作为纸质教材的有益补充,可以充分利用现代信息技术,赋予教材足够的开放性和弹性,极大地拓宽学生学习的空间。

当时的电子书包项目语文组以六年级两册教材为样例,展开了数字教材的设计开发和制作,这里以《花的话》这篇课文为例进行简单介绍。

数字教材需要新颖别致的版面呈现,项目组与上海理工大学师生合作,尝试重新设计版式以便于更适合平板电脑展示。项目组成员数次讨论,数易其稿,终于有了不一样的呈现。

对于六年级的学生而言,字词学习的需要还存在。对于复杂的字,如"嘟曦"的"曦"，我们精心设计了字词卡片，将它的笔顺、拼音、笔画、字义等一一呈现，还给出了造句范例。对于文中的多音字，我们设计了有趣的小游戏，如果选中正确的读音，屏幕上会弹出卡通图并配上赞扬语句；如果选择了错误的读音，则会出现"再想想吧！"字样和对应卡通图。

词语的处理方式主要有两种。一种是对于那些比较难理解的词，我们设计了词语卡片以帮助学生理解。如"繁复新巧""屈尊纡贵""颔首"等词语，卡片上会有简明扼要的文字解释。另一种是名词类词语，我们以图片形式进行了呈现。如对于课文中出现的多种花名，我们精心挑选了精美的图片，如芍药、白丁香、榆叶梅、二月兰、迎春花等，既形象又直观，一目了然。

对一些较难理解的句子，我们也给出了相应解释。如文中有一句："但在这既非真实、也非虚妄的园中，她们聚集在一起了。"要如何理解呢？花不会说话，又怎么谈美论贵呢？"既非真实、也非虚妄"是什么意思？各种花的花时不同，又怎会聚集在一起呢？对此，我社开发的数字教材也提供了简要分析以便学生预习和自学。"学习建议"部分还设置了供学生拓展知识的课外阅读，一般会提供同主题或同作者的相关文章。

此外，培养学生的语感和对文字的感悟也非常重要，品读是学习语文的良好方式。数字教材还为师生提供了许多高品质的音频文件。有整篇课文的完整录音，也有分段落的录音，学生可以选择自己喜欢或感兴趣的段落点读或跟读。与此同时，我们还准备了一些视频资源供学生学习。视频资源不仅呈现了文章中描写的花儿美妙的姿态，而且配有相应解说内容，介绍不同种类的花朵，帮助学生扩充知识量。为进一步丰富数字教材，我们还精心制作了小游戏，寓学于乐，趣味性强的互动活动设计符合学生认知规律，可以帮助学生在游戏中学习，轻松愉快地掌握知识点。

总的来说，当时的电子书包和数字教材的优点主要体现在两个方面：一是由静态向动态转变，各种互动性强的小游戏可以更大程度地激发学生的学习兴趣；二是由抽象向具象、直观转变，精美的图片和笔顺展示等一目了然，使学生的自主学习更具可操作性。

数字教材在资料更新、以资源库支撑课堂教学、赋能教学实效提升等方面具有明显优势,可作为纸质教材的有益补充。不过,其开发设计和应用等需要通盘考虑,如何充分通过现代信息技术助力教材开发与实际教学,是值得教材编辑们好好思考与研究的问题。教材编辑工作任重而道远,我们始终在路上。

循 道 正 行

——基于教材编辑工作的几点感想

李　莉

[摘要] 教材体现国家意志,是国家事权。基于此,教材编辑的素养显得尤为重要。教材编辑应当坚定政治立场,严把意识形态关;注重教材编写前期的资源整合;成为教材编写过程中的组织引导者、策划者;关注教材出版后服务平台的创新;注重自身专业素养的提升;探究教材出版的新理论及方式方法,以期编写出具有育人作用的高质量教材。

[关键词] 教材编辑　意识形态　资源整合　组织策划

2022 年 10 月,我被借调到基础教育第一分社艺体编辑室,参与义务教育《艺术·舞蹈(五·四学制)》教材的编辑工作。在这之前的 12 年,我一直在学前教育与特殊教育出版中心负责学前教育教材(5—6 岁)的相关工作。学前教育教材于 2009 年完成了与"二期课改"相适应的教材编制,在每年都有小修订的基础上,于 2022 年 8 月完成了一次大修订。尽管自工作以来我一直参与教材编辑相关工作,但与目前从事的新编教材编辑工作相比,两者有很大不同,一个侧重维护,一个是"从无到有"的全流程参与。现将我个人对教材编辑工作的几点感想记录下来。

一、坚定政治立场,严把意识形态关

教材建设是国家事权。进入新时代,中小学教材出版进入质量提升的关键转型期。党的十九届五中全会审议通过的《中共中央关于制定国民经济和社会发展第十四个五年规划和二〇三五年远景目标的建议》明确提出:"建设高质量教育体系。"并强调:"全面贯彻党的教育方针,坚持立德树人,加强师德师风建设,培养德智体美劳全面发展的社会主义建设者和接班人。"高质量教材体系是高质量教育体系的重要基础和组成部分。国家教材委员会印发的《全国大中小学教材建设规划(2019—2022年)》提出,到2022年,教材建设全面加强,教材管理体制基本健全、体系基本完备、质量显著提升,更加适应中国特色社会主义发展要求,更具中国特色和国际视野,育人功能显著增强,开创教材建设新局面。

教材编辑必须坚持正确的政治立场,全面贯彻党的教育方针,坚持马克思主义指导地位,弘扬社会主义核心价值观,深入学习贯彻习近平新时代中国特色社会主义思想,严把意识形态关。教材编辑应该从第一次看到文稿开始,就坚定政治立场,绷紧意识形态这根弦,从内容、文字、插图等方面对教材进行意识形态方面的审读,特别要注意一些细节问题,如国旗是否按照国家标准等比例缩放,五角星的位置是否准确,是否有遮挡现象;人物衣着是否合情合理,衣着上是否存在不适宜的图案;文本中是否存在有损国家主权、领土完整、民族尊严等的措辞;等等。

二、注重教材编写前期的资源整合

教材编辑需要在教材启动之初,针对所编写教材的特点,选择相关领域有较高专业建树和较强领导力、号召力的作者作为主编,组建既有较强专业能力和写作能力,又有广泛影响力的编写队伍,注重广泛性与覆盖性,从而确保教材的内容质量和未来长期的市场占有率。

教材编辑要对教材整体的经济投入进行大致核算,预估投入与产出的状况,对调查问卷、编制方案、编写组讨论交流会议、聘请专家等各方面、多步骤的费用进行初步估算,保证整体利益。

三、成为教材编写过程的组织引导者、策划者

教材编辑在教材编写过程中,应该成为教材编写的组织者,与教材主编一起整体统筹规划并引导编写团队进行教材内容的编写工作。教材编辑要努力成为教材编写的把关人,既要宏观把握教材的政治方向、出版导向和价值取向,确立教

材的编写理念和内容框架,又要深度参与教材内容的讨论、统稿过程,最理想的情况是深度参与教材编写过程,当然这需要较高的专业素养,专家型编辑往往能胜任这一工作,或者说,很多专家型编辑就是在这一过程中逐渐成长起来的。这样的角色定位将会极大地促进编辑工作进展,为教材的系统建设奠定扎实的基础。这些工作对教材编辑提出了更高要求,要求编辑必须具有学科课程内容领域的综合视野,还需要一定的教育学乃至心理学方面的专业能力。

新编教材编写过程中,除了考虑教材内容的合理性和系统性,教材设计是否符合教育教学规律之外,教材编辑尤其应该注重把关教材与课标的匹配度。以《义务教育艺术课程标准(2022年版)》为例,其中详细规定了舞蹈学科课程内容,包括"表现""创造""欣赏""融合"4类艺术实践,涵盖14项具体学习内容,通过多种形式的学习任务组织教学。根据义务教育阶段学生的身心发展特点和教育教学规律,舞蹈学习任务的设置具有进阶性。"对照课程标准"是教材编辑的必修课。

教材编辑除了要做好内容编辑工作,还要承担起主编助理的工作,辅助教材主编撰写送审材料,包括调研问卷、调研报告、编写方案、送审报告、送复审报告、送复核报告等,要在这些材料中准确体现教材编写背景、目标、特点和框架结构等内容。

教材编辑要苦练在短时间内进行大量文字修改的本领。教材编制过程中,一般要经过多轮审查,包括思想政治专家的审查和学科专家的审查,审查意见一下来,就需要教材编辑在最短的时间内与教材主编进行高效交流,针对具体意见给出具体回复。教材编辑必须练就在短时间内高效完成修改的基本功。

另外,教材编辑要不断提高学术素养,积极参与课程研究;提升业务能力,练就扎实的编辑基本功;逻辑能力强,善于发现问题并解决问题;组织协调能力强,具有良好的服务意识;防患于未然,具有超前意识;与时俱进,具有融媒体意识和能力;等等。这些都是教材编辑应该具备的素养。

四、关注教材出版后服务平台的创新

教材出版后,服务平台需要解决的关键问题是如何将课程改革和学科教育的热点研究向实践转化,通过教材使用将课程理念落实到课堂上。

教材正式出版后,通过教研与教育培训的延伸,能较好地解决教材与教师、学生的对话。要以读者为本,按照教学进度,开展线上与线下的教研培训,及时传达最新的教学及教研资讯,针对不同需求的教师展开有针对性的培训。

教材编辑要注重参加教材培训工作。所有教材付印后,教材编辑的主要精力就在教材培训上。教材编辑要落实讲课的专家,要与培训地区的负责人联系确定培训的时间、地点、讲课内容、培训资料及听课人数等。这既是对一线教师的培训,也是编辑再次熟悉教材、教学、课程标准的机会。有的教材编辑专业知识丰富,完全可以担任专家,给一线教师进行培训。教材培训既是工作,也是学习提升的机会,是每一位教材编辑都应该重视的。

五、教材编辑的专业提升路径

研究本学科已经出版的教材,包括全国版和地方版,了解其他教材如何处理同样的知识点,借鉴他人的有效方法。在《艺术·舞蹈(五·四学制)》教材的编写过程中,在编写组遇到创作瓶颈时,我翻阅大量已出版的艺术类教材,寻找目前编制过程中的痛点,借鉴和吸收别人的长处,为编写组提供了"舞蹈教材问题及可供参考的内容"的参考资料,详细罗列了目前编写过程中遇到的问题,每个具体单元、具体内容的不足之处以及可供借鉴的具体内容与方式方法。这为编写组提供了一个突破瓶颈的切入点,老师们很快在具有对比性的表格中找到了问题所在,并在下一轮修改中就相关问题的解决和表述进行了切实的改进。除了以上具体实践工作,我认为还应在以下方面提升专业素养:

通过阅读学科专业期刊和教育教学相关理论与论文等途径,把握该学科最新的学术动态和教育现状。

通过参与教学教研活动,把握教师和学生的需求,熟悉教学过程的实际情况,及时了解与教材相关的各类信息。

教材编辑既是教材的编校人员,也是教材的参与者、研究者,应通过参与学术会议与课题研究不断提高专业化研究的能力。

不论外部环境和内部运行机制如何改变,教材出版的实质核心不变——循道正行,这样才能在面对挑战的时候临危不乱,敢于创新,对教材出版的新理念及方式方法进行深入探究,编写出高质量的教材。

如切如磋，如琢如磨

——新编《艺术·舞蹈（五·四学制）》教材之二三思

孟令怡

[摘要] 古人修身、为文皆讲究工匠精神，譬如《诗经》中的"如切如磋，如琢如磨"，这种雕琢器物时精益求精的态度已然渗透到中华民族的精神气质之中。教材编写过程亦处处体现了如切如磋的小心翼翼与如琢如磨的精益求精。如何打磨出精如美玉的作品，是教材编写人员和编辑们殚精竭虑之事，而对于新编教材，难度更大。初中艺术"新三科"之一舞蹈教材就是这样一套正在"开天辟地"的教材，经历着从无到有与铁杵磨针的过程。此文将对教材的"滚轮"编写过程作一定的经验与心得分享，也对其中走过的一些弯路作出反思，以期与朋辈教材编辑交流，也期待能为未来教材的编写提供些微启示。

[关键词] 舞蹈教材　编校　精益求精　责任感

一、靡不有初，鲜克有终

良好的开始往往意味着成功的一半，但对于教材的编写来说，往往需要一轮又一轮的修改与打磨，开始可能就已经踏上了雄关漫道。随着《义务教育艺术课程标准（2022 年版）》的颁布，义务教育阶段加入了艺术"新三科"——舞蹈、戏剧（含戏曲）、影视（含数字媒体艺术），以增强初中生的美育与文化自信。这是义务教育阶段尤其是艺术教育的一个重大变革，投身于这项工作的人都满怀期待、跃跃欲试。正如我参与编辑的这套舞蹈教材的主编所说，她想看到的是，未来的孩子们在课堂上跳舞时不再畏手畏脚，能够自信地打开自己，感受舞蹈艺术与文化。然而，想法的真正落地需要多方位的碰撞与摩擦。

以舞蹈教材为例,编写组是一个较为成熟的团队,编写思路上的交流与整合也比较顺利,但是具体到每一个单元、每一课、每一个栏目,并不容易。在这个环节之中,交流至关重要。交流既体现在编写人员之间,也体现在编写组与编辑之间,需要熟知彼此的思路和想法,以进行更好的交流和反馈。但即使是这样,每一轮送审过程中仍然会有大量专业的意见反馈。这时编写团队耐心备至,虚心吸取建议。具体来说,第一轮送审反馈的主要问题是编写思路与艺术课程标准之间存在理解上的出入。这是情有可原的,因为"新三科"教材的编写是一次开辟之举。具体的问题是,最初的教材编写思路以舞蹈动作知识为主线,将 12 个舞蹈动作主题贯穿全套教材,组合成为完整的教材,这也是国内舞蹈教材的一次创新之举。这样的编写思路对于编写组的老师和编辑是可以接受的,也实现了大家对于舞蹈教育的理想。但是,经过专家反馈,我们意识到这使得教材整体难度较大,传授舞蹈知识成为重心,与课程标准中提升核心素养的要求并不十分契合。因此,编写组虚心接受专家意见,充分开展讨论,严格遵循课程标准,立刻转换思路,设计全套教材逻辑,对每一单元、每一课甚至每一个栏目环节都进行了修改,并争取在全新的思路下融合舞蹈动作知识,使其潜移默化进入学生的课堂与舞蹈学习之中。编写组多次集中召开封闭式会议,主编先进行统筹布局,设计教材框架,撰写各单元和栏目的"样板",再由诸位编委老师讨论,逐字逐句、逐图审读与探讨,选取最适于舞蹈教学的作品与练习活动。经过日夜奋战,我们形成了更加满意的 2.0 版教材。

二、字斟句酌,精益求精

配合教材编写组磨稿、统稿,也是教材从无到有的开天辟地与百炼试金的过程。虽然此前我也翻看了许许多多的课本,从教科书中获益匪浅,但是对于教材的诞生过程却知之甚少。我所加入的舞蹈教材编写组,主编已到了"从心所欲不逾矩"的年纪,但她做事的认真严谨和对自己的自律严格都令人感到可敬可钦。尤其是对于教材工作的全情投入与充沛热情,是任何人见到都会由衷感动的。教材统稿会议通常要开一整天,有时讨论进行得如火如荼,凌晨一两点钟方才结束。第二天一早开会,主编的思维仍然活跃,她会欣欣雀跃地讲述昨晚如何穷思竭虑而后灵光闪烁，想出一节课的好创意，也会打趣地说这正是昨天开会大家"面红耳赤、唇枪舌剑"争论的成果。

图1　选取教材图片

教材编写中看似没有什么惊天动地的大事，但是对于每一个编写老师来说，每一个字的改动都是她们心中翻天覆地的大事。正如古人评价黄庭坚作诗一样，"一字一句，必月锻季炼，未尝轻发"。虽然编教材不似作诗，但斟酌字句也有相似之处，大到每一课欣赏作品的选择，既要与单元人文主题符合，又要体现单元学习的动作主题，整套书的舞蹈作品难度上须由浅入深，细节上又要能找到该作品的高清、美观图片，重重要求之下，经常是难以兼得的，于是就需要反复更换作品，重新统筹选择。但是，这丝毫没有影响编写组诸位老师的热情，撰写每一单元的老师对自己负责内容的打磨都是精益求精的，往往经历了"众里寻他千百度"的推敲琢磨。这也在很大程度上鼓舞编辑，积极配合辅助编写老师们的工作，在老师们搜索枯肠而不可得的时候提供适当的建议。尤其是舞蹈教材的编写有一个很大的困难，就是将肢体语言转换为图文结合的表达方式，很多时候都会陷入言不尽意的困境，这时就需要大家集思广益，为每一个舞蹈动作的形容绞尽脑汁，为每一个动作的插图查找最佳的资源。此外，在编写节奏和图文搭配方面，编辑也要尽己所能地发挥所长，辅助教材编写工作。

打磨字词句段的过程也是教材越来越精练的过程，成果就是，教材越来越具有逻辑,文字越来越贴近学生的口吻和兴趣。几轮统稿的过程中,也留下了许多珍贵的经验,比如如何将编写组老师们撰写的不同风格的单元整合到一起,不同单元的栏目如何保持统一,欣赏舞蹈作品的图片与介绍性文字的适恰性……诸如此类的问题亟须编写组老师的琢磨与编辑的细心,同时也需要未雨绸缪,在编写教材之前给予编写组老师提醒和建议,避免后期出现图片或者栏目环节方面的问题。编辑也必须熟悉教材的每一单元、每一课,在摸清教材整体逻辑的基础上,留心细节问题。

三、锲而不舍,金石可镂

王国维形容成大事业、大学问者有三种境界。其中第一种境界是"昨夜西风凋碧树,独上高楼,望尽天涯路",指规划事务应当高瞻远瞩,同时需要奋斗的恒心和百折不挠的勇气。新编教材的诞生也是"路漫漫其修远兮"的过程,需要一群人反复求索,以匠心协作与创新。在教材初稿形成的过程中会面对各种情况、各类意见,这些自然会让教材的编写进度受到阻碍,但是修改打磨是教材编写的恒常,正如教育乃国之大业一样,无法一劳永逸。因此,在这一过程之中,锲而不舍并保持乐观的心态是十分重要的。

随着编写思路与指导意见的更新,一些虽然精心设计但是不合适的内容会被删去,这是很难取舍的。比如在第一版序言图片中,主编设计了古今中外经典舞蹈作品的人物图像合集,并编排为一个舞蹈流动长河。为了使美编更加清楚她的意图,主编特意将这些人物图像剪下来。因为时间仓促,这一过程就在排版公司办公室内完成,这些鲜活的舞蹈图像生动地排列在一起,跃然纸上,极富美感。但遗憾的是,在第二版中,因为各种原因,序言图片没有被采用。在整个教材编写过程中,这样的例子不在少数。教材并非个人创意性的作品,必须统筹考虑,许多精心雕琢的内容最后不得不被舍弃,虽然不免遗憾,但也必须继续坚持下去,以同样的精工细琢去打磨新的内容。此外,因为教材编写不是一蹴而就的事情,会有反复几轮修改,所以需要编辑在每一轮教材统稿后对于这一轮尚未解决的问题做一定的梳理总结,从而在下一轮修改的时候及时作出反馈与调整。

图 2　主编设计序言图片形式

　　现在教材已经千磨万砺到了 3.0 版，整个编写团队的老师经历了"苦其心志，劳其筋骨"的锤炼过程。切磋与琢磨的过程也正是教材不断蜕变的过程，希望功夫不负有心人，最终的舞蹈教材可以为未来艺术教育贡献一点力量，而我们青年编辑在其中不断学习和成长，"有一分热，发一分光"，承担起自己对编辑工作和教育事业的责任。

基于核心素养的音乐教材建构与编辑的核心素养

——以沪教版全国音乐教材编写为视角

王 俭

[摘要] 在基于核心素养的学科课程目标下,依据学科的课程标准,科学合理地建构学科教材是教材出版的重要任务,也是推动学科建设和发展的重要部分。教材编辑作为教材出版的第一责任人和组织者,其重要性不言而喻,而对其所应具备的核心素养也有较高要求。

[关键词] 核心素养 教材编辑 教材出版 学科建设

沪教版全国音乐教材是在全国教育科学"十五"规划教育部重点课题——"在全面建设小康社会背景下,加快农村学校艺术教育改革和发展"的背景下,通过对农村学校艺术教育进行充分调研和分析的基础上进行编写的。教材始编于2000年,作为课题研究成果于2004年经全国中小学教材审定委员会审定通过,在教育部首批设立的全国农村学校艺术教育实验县的部分地区进行实验。2012年,根据《义务教育音乐课程标准(2011年版)》进行修订,并再次经教材审定委员会审定通过。2022年,依据教育部发布的《义务教育课程方案(2022年版)》《义务教育艺术课程标准(2022年版)》,学习贯彻习近平新时代中国特色社会主义思想,深入学习习近平总书记关于教育的重要论述,对本套教材进行全面修订。

本套教材历经了二十余年编写、修订、完善的过程,由上海教育出版社组织我国音乐教育领域的专家、资深教研员、一线优秀音乐教师精心编写。全套教材教学内容丰富,民族民间音乐特色鲜明,贴近学生生活,是一套立足于城乡及中小城市,适用于全国广大农村地区全日制中小学的教材。

本套音乐教材作为全国第一套农村学校音乐教材,为促进教育的均衡发展进行了富有成效的实践,也对农村学校艺术教育模式进行了探究,为实现教育公平,推进优质的农村学校艺术教育课程建设进行了有意义的探索。

在 2021 年首届全国教材建设奖(我国教材领域最高奖项)优秀教材评选中,沪教版《全国义务教育课程标准实验教科书·音乐(一年级上、下册)》《全国义务教育课程标准实验教科书·音乐(五年级上、下册)》《全国义务教育课程标准实验教科书·音乐(八年级上、下册)》获全国优秀教材(基础教育类)二等奖。

一、教材建构

教材的建构以落实艺术学科立德树人为根本任务,将学科核心素养贯穿于教材之中。核心素养以"全面发展的人"为核心,以科学性、时代性、民族性为基本原则,并根据学科教学要求,不断在教材修订过程中进行完善。

（一）坚持正确的政治方向,加强教材的思想性

在教育部教材局对教材工作一系列指示的要求下,教材组多次对教材的思想政治性进行自查,全面推进社会主义核心价值观在教材中的落实。

1. 树立以德育人的学科理念

中小学教材必须体现党和国家意志。教材是教学的载体,是学生学习的范本。音乐学科属人文学科范畴,具有思想性与人文性的特点,它在意识形态领域的影响十分深远。教材组坚守"以德育人"的理念,收入了经典的、有艺术性的爱国主义作品,使学生在潜移默化中形成热爱祖国、热爱民族的思想,树立正确的人生观。

2. 彰显时代精神

本套教材所选用的教学曲目充分体现了时代精神,并富有新意。教材选取了近年来荣获"中国音乐金钟奖"和"五个一工程"奖的优秀作品,如《阳光路上》(歌曲)、《永不消逝的电波》(舞剧)、《御风万里》(管弦乐)等。另外,还选取了中外优秀的当代音乐作品,如《飞歌》(大提琴与多媒体交响协奏曲)、《航天进行曲》(歌曲)等。

（二）弘扬我国优秀的民族民间音乐文化

教材选用了大量的民族民间音乐作品。所选用的曲目既有原汁原味、乡土气息浓郁的各民族、各地区民歌、民间戏剧与曲艺，也有根据民歌改编的音乐作品，以及根据民族调式与体裁创作的音乐作品等。教材组力求从学生熟悉的生活环境中去发掘具有乡土特色的音乐资源，使教材在广大中小城市和农村地区有可操作性，以适应当地教师教学和学生学习的水平。

本套音乐教材注重弘扬民族传统音乐文化，将我国各民族、各地区优秀传统音乐作为重要的教学内容。教材中，中国作品占三分之二以上，其中民歌及民族器乐作品占二分之一左右，并在中外作品的排序上作了进一步调整。版式和内容都体现出浓郁的艺术风格和文化气息。

（三）注重教材知识体系的科学性

1. 知识促进学科素养达成

知识既是素养的构成要素与核心，又是素养形成的基础与条件。因此，学生要通过学科学习形成良好的素养，必定要有扎实的学科知识。在音乐学科中，学生对基础音乐知识的理解和掌握，对于提高其审美情趣、达成情感体验起到非常重要的基础作用。沪教版全国音乐教材对学科知识的编排由浅入深、循序渐进，音乐知识脉络清晰，易于掌握。

2. 知识基于学科内容引入

学生对学科知识的获取离不开实践，同时也不能与教学内容相脱离。本教材的知识渗透力求运用音乐本身来体现学科的特点——以丰富的音乐作品提供基础的学习平台；以丰富的音乐音响引领体验和研究；教材中的音乐知识全面，并且与作品紧密相关。在纵向上，知识点的出现源于作品；在横向上，整个知识线环环相扣，有序层递。

（四）注重学生能力的培养与提高

在音乐学科中，通过音乐内容的学习和实践，促进学生在演唱、欣赏、演奏、识谱、创造等方面的能力得到培养和提高，这也是课程的一项重要目标。

教材中的每一课都能结合音乐核心知识与技能的要求，通过设计创造性活动来培养学生的多种能力。在设计中,充分考虑活动的可行性、趣味性、选择性,把栏目真正建设成为丰富音乐思维与想象、尝试集体探索和创造的活动乐园,借助于生活经验的迁移,让学生获得音乐学习的认知,切实培养学生的创新思维和能力。

1. 加强基础能力的培养和技能训练要求

通过对音乐知识的系统性架设和教学,学生具备掌握音乐要素等基础能力,并不断通过作品欣赏和活动实践逐步发展和提升。

在音乐学科教材的内容建构方面,以多种风格、体裁的音乐作品丰富学生的艺术视野,使其对音乐的感受能力不断提高,形成一定的艺术修养。

2. 提升综合表现力,培养创造力

音乐学科教学中对学生能力的培养包括对音乐的感受能力、鉴赏能力、表现能力和创造能力。通过听、唱、动、创等一系列实践活动,学生在感受与鉴赏、体验与表现、拓展与创造中同步培养核心素养。

（五）注重学科评价

教材在评价内容板块的设计中,体现了多元化的特点。教材紧密结合音乐内容,围绕单元教学目标设计评价活动,为学生提供个性化与群体实践性的评价园地,让学生通过主动展示、相互激励评价和互动交流,以达到学生集体的共同提高;通过多种评价方式增强学生学习的信心和动力,促进学习质量的不断提高和知识技能的形成。

此套教材从编写、修订、推广到各地的使用,历经二十余年的发展历程。在教材建构的过程中,教材历任编辑在教材组发挥了领衔和主导作用,经历了内容构建、人员组织、教材培训、教材推广等一系列环节,也从中锻炼了自身多方面的能力和素养,充分体现了出版社作为组织和编写单位的学科专业水平和组织架构能力。

二、教材编辑的核心素养

（一）政治立场坚定,关注教育发展

教材编辑必须坚持正确的政治立场,全面贯彻党的教育方针,坚持马克思主义指导地位,弘扬社会主义核心价值观,深入学习贯彻习近平新时代中国特色社会主义思想,严把意识形态关;同时,必须关注教育政策、教育动态,从宏观上了解教育的本质和教育的发展趋势。

2018年召开的全国教育大会指明了新时代教育工作的方向,确立了"立德树人"的根本任务。中小学教材承载着党和国家的教育思想与教育方针,对学生的价值观、人生观、世界观具有较大影响,因此,着重把关政治导向性问题在中小学教材编制的过程中尤为重要。音乐作为艺术领域的一门学科,具有较强的人文性特征,其育人价值和政治导向功能显著。这就要求教材编辑具备高度的政治敏感度,对教材中涉及的政治、军事、文化、宗教信仰等重要内容持严肃、严谨的态度。

近年来,国家对教材内容、教材图片的审查越来越严格和规范。教材编辑要注意及时更新教材的相关表述,与党和国家的方针、政策保持高度统一。

教材编辑还要掌握我国基础教育的各项方针政策,掌握最新的学术动向以及教育发展现状,深入学习各项教育政策。尤其要深入学习学科的课程标准,这样才能在组织教材编写的过程中把握编写方向,规范编写流程。

(二)专业素养高,能参与课程研究

优秀的教材编辑必须熟悉本学科领域的专业发展,以自身拥有的较高专业素养与主编和编写人员进行良好沟通;教材调研、编写、修订,教研活动、组织培训等都要全过程参加,努力培养自身成为课程研究专家型的编辑。

本套教材的历任编辑普遍具有良好的专业学科知识,并曾有过学校教学的经验,深入并积极参与教材编写的讨论及编写工作。教材编辑要根据自己的专业知识,对书稿内容进行准确的判断,能够对书稿提出自己的见解。

此外,教材编辑还要熟悉一线教学,了解教学需求。教材需要通过教师在课堂上使用而产生教学效果,因此一定要具有可教性,适合教师在课堂上使用。为此,编辑应借助到全国各省市参与教材培训、教学调研的机会,深入课堂,与教师、学生进行交流,了解师生的实际需求,对教学形成理性认识,并在教材结构的广泛适应度上有更全面的眼光,引导教材组编写出既符合学生学习特点又符合教学规律的优秀教材。

同时,教材编辑要通过组织教材在全国各地的试教试用,及时发现在实践中暴露出来的教材编写问题或不适合课堂教学的内容,从而对教材内容进行相应的修改。

（三）业务能力强,基本功扎实

优秀的教材编辑,必须有较强的业务能力。鉴于教材的特殊性,对科学性、严谨性的要求更高,对教材编辑的文本编辑加工能力也有更高的要求。

中小学教材是教师教学活动以及学生学习活动的范本。音乐教材不同于一般图书,教材中任何音乐专业内容、乐谱等的偏差以及文字的不规范表述,都会对教材质量产生很大影响。因此,教材编辑要注重全面强化专业学科知识的掌握和文字处理能力,在日常工作实践中积累相关经验,整理容易写错的字词和乐谱标注,提高稿件的加工能力。除了内容上的把控外,教材编辑还要在形式上把握教材的呈现和风格定位,通过与美编协调并达成创意共识,对教材版式、封面呈现进行规范化设计,做出符合定位的教材栏目设计以及有风格特点的全套教材美术装帧。

针对教材送审工作,编辑还要具有整合及撰写送审材料的能力,包括组织各省市对教材进行试教试用、同主编协同制订和撰写编写方案等。最后,在后期教材推广以及多项服务中要注重组织管理。教材编辑要与各个部门相互配合,做好教材相关管理工作,参与各类教材培训活动。

（四）服务意识好,组织协调能力强

教材编辑要树立良好的服务意识,既要维护和协调好编写组的工作,努力服务好编写组人员,又要能够与教材使用地区的教育行政部门及教研人员进行良好的沟通与合作,努力做好教材服务工作。

以云南省为例:2003 年,云南省教育厅将农村学校艺术教育列为全省的重要实验课题,与上海教育出版社联合进行课题实验,参加课题的由最初的 2 个实验县发展到 15 个实验县,遍及全省 15 个地市州,覆盖了 20 多个少数民族地区。通过各级教育行政部门落实课题实验,各级艺术教育专家、实验县教研员、骨干教师形成三级网络,共同开发具有乡土特色的音乐课程本土化资源,共同形成教师培训网络,既做到上海优势教育资源的辐射,又落实了本土化教育的开发,双方互助互赢。

此外,多年来,我社组织学科专家在全国各教材使用地区展开了各式各类的教材培训和教研评比活动。比如,邀请专家对课程标准和教材进行详细解读,现场示范课评课,采用大课辅导、小课讨论等多种方式对教材使用区的教师进行培训。经过培训,教师反响强烈,一致认为上海教育出版社的教师培训富有实效。

三、结语

在新的时代背景下,建构体现社会主义核心价值观和学科内涵的教材是时代的要求。基于核心素养的中小学音乐教材建构,势必要求教材编写专家与教材出版单位共同努力。作为这项任务的实施者和参与者,教材编辑的使命崇高而艰巨,教材编辑要为落实艺术学科"立德树人"的根本任务、推进民族文化的传播而不懈努力。

参考文献:

[1] 万丽君.走向公平的艺术教育[M].上海:上海教育出版社,2008.

[2] 潘洪建.基于"三维知识"教学的学科素养提升[J].教育研究,2017(07):122–129.

图书在版编目（CIP）数据

字间留痕 / 上海教育出版社编. -- 上海：上海教
育出版社, 2023.9
ISBN 978-7-5720-2200-5

Ⅰ.①字… Ⅱ.①上… Ⅲ.①编辑工作 - 出版工作 -
中国 - 文集 Ⅳ.①G232-53

中国国家版本馆CIP数据核字(2023)第167072号

责任编辑　王清伟　朱　彦　宋世涛　宋丽玲　张少杰
装帧设计　陆　弦

字间留痕
上海教育出版社　编

出版发行　上海教育出版社有限公司
官　　网　www.seph.com.cn
地　　址　上海市闵行区号景路159弄C座
邮　　编　201101
印　　刷　上海商务联西印刷有限公司
开　　本　700×1000　1/16　印张 14.75
字　　数　233 千字
版　　次　2023年9月第1版
印　　次　2023年9月第1次印刷
书　　号　ISBN 978-7-5720-2200-5/Z·0001
定　　价　68.00 元

如发现质量问题，读者可向本社调换　电话：021-64373213